SOBREVIVE DE CUALQUIER FORMA

125 TÉCNICAS DE SUPERVIVENCIA DEFINITIVA

Christian Morales

ÍNDICE

Introducción

Bienvenido a este manual de **125 técnicas de supervivencia** pensado y creado para todas aquellas personas apasionadas por la aventura, la naturaleza y la libertad.

Antes de comenzar con estas **125 técnicas indispensables para cualquier viajero**, recuerda y ten siempre presente que <u>ya eres un superviviente</u> y que el deseo profundo de vivir es lo que siempre te mantuvo y te mantendrá en pie más allá de cualquier adversidad.

Puede que nunca hayas estado perdido en la selva, el desierto o en el más frío invierno, pero seguro que has sabido sobrellevar la vida y superar sus diferentes acontecimientos, presiones, problemas o obstáculos para estar hoy aquí leyendo este libro, asumiendo nuevos retos y buscando nuevas experiencias.

Por eso, admirado lector, comprende que **tú ya eres todo un superviviente** y sólo tú sabes todo aquello que has tenido que superar para llegar al momento presente en el que habitas en este momento.

Espero que disfrutes mucho esta lectura y puedas poner en práctica algunas de las técnicas que te cuento en este libro, porque eso significará que estás viviendo la vida al máximo.

Recuerda que en la supervivencia la planificación es esencial. Organizar y preparar una mochila para caso de urgencia es algo fundamental, para no tener que depender solamente de elementos que puedas encontrar en tu entorno. De esta forma, cualquier inconveniente que encuentres en el proceso podrás sortearlo con mayor facilidad y eficacia. Mente tranquila, buena actitud de trabajo en equipo, positividad y un buen equipamiento aumentarán al máximo tu capacidad de supervivencia y la de aquello que estén contigo.

Tanto si estás solo en situación de supervivencia como si estás acompañado, es vital que traces un plan a seguir y valores todas las posibilidades, para elegir la que conlleve menos riesgo y la que tenga también mayor probabilidad de éxito.

Este libro es una herramienta muy poderosa, pero tú eres el que debe ser capaz de usarla con certeza y calma para superar cualquier situación de supervivencia de la mejor forma.

¡Vamos a por ello!

Verdades de la supervivencia

Cuando nos encontramos en una situación adversa o de peligro, puede que lo primero que suceda en nuestro interior es que nos invada el miedo. Debemos combatirlo, ya que **somos una especie apta para sobrevivir y mantenernos con vida** pese a la hostilidad, ya sea de la naturaleza o de nuestra propia especie.

Recuerda que, desde hace unos trescientos mil años hasta aquí, hemos enfrentado las más diversas situaciones y, si bien el ser humano moderno está acostumbrado a lujos y comodidades en el último siglo, la verdad es que **podemos vivir con mucho menos**. Por eso, si te encuentras perdido, solo y con tu mochila de provisiones para una sola tarde, no te asustes, seguro que muchos de nuestros antepasados no tenían ni siquiera las zapatillas deportivas que tú llevarás puestas en ese momento.

Si te encuentras en una situación de peligro, recuerda que necesitas tres pilares para sobrevivir, y ellos son **AIRE + AGUA + ALIMENTO**. Tal vez pienses que decir que necesitas aire para sobrevivir es algo obvio, pero no, ya que durante la supervivencia debes aprender a hacer consciente tu respiración para mantener la mente y el cuerpo tranquilo.

Con respecto al agua, es mejor priorizar la hidratación antes que la alimentación, ya que **nuestro cuerpo está preparado para sobrevivir sin comida de dos a tres semanas**, en cambio, podemos llegar a deshidratarnos en tan sólo tres días, incluso menos tiempo si nos encontramos con altas o bajas temperaturas. Con esto no quiero decir que no te preocupes por el alimento, sino más bien que administres la fuerza que te queda en recolectar agua antes que pensar en fabricar una lanza y salir a cazar cuando todavía tienes en tu estómago el desayuno.

Ten en cuenta que, durante los últimos años, el mundo ha vivido una etapa de abundancia tal que nos llevó a comer mucho más de lo que necesitamos, manteniendo una dieta diaria de tres o cuatro comidas cuando nuestros antepasados cercanos, tal vez llegaban a comer la mitad de eso. Por eso, ante una situación de supervivencia, uno de los aprendizajes más costosos que se interiorizan es el de **valorar el alimento como nutriente esencial del organismo y no como fuente de placer instantáneo**.

Aire

Los humanos no sobrevivimos más de tres minutos sin aire.

Las técnicas de respiración son un excelente método para traer paz mental y equilibrio para resolver cualquier situación. Ante una situación adversa, recuerda que, actuar de modo impulsivo y apurado, no garantizará que logres sobrevivir a ello, por lo tanto, **tómate tu tiempo y respira conscientemente.**

La respiración profunda y controlada te ayudará a sobrellevar la ansiedad y el miedo, emociones que por más que intentemos evitar, aparecen cuando nos salimos de los planes establecidos y de lo cotidiano. Por eso, **aprender técnicas de respiración y meditación** puede ser muy útil para controlar los momentos adversos de manera clara y consciente.

Cuando en nuestro organismo se activa un nivel de alerta considerable, tendemos a hiperventilar, bien sea por hacer respiraciones cortas y demasiado rápidas o, al contrario, demasiado profundas y tomando grandes bocanadas de aire. En ambos casos, respiramos más oxígeno del que necesitamos y es cuando aparecen sensaciones desagradables, como mareo, ahogo, visión borrosa, palpitaciones, hormigueo y sofoco.

Si prestamos atención a nuestra respiración, favorecemos también la relajación y la funcionalidad de la musculatura de todo nuestro cuerpo, lo que será vital para enfrentar cualquier situación a la que debamos hacerle frente.

Técnica 1 Respiración profunda o diafragmática

Antes que nada, encuentra un lugar tranquilo, siéntate e intenta relajar tus músculos, deja que la tensión abandone tu cuerpo.

Mantén la espalda recta, abre bien los hombros, cruza las piernas sobre el suelo y coloca tus manos con las palmas hacia abajo sobre tus piernas.

Libera tu zona abdominal de modo que puedas relajar el área sin tener nada ajustado o que te moleste.

Toma lentamente aire por la nariz haciendo el proceso conscientemente e intentando llenar completamente tu cuerpo de oxígeno. Ve inflando el abdomen hasta que no puedas más. Después descarga todo ese aire contenido muy lentamente y repite esto unas tres veces.

Luego, haz lo mismo, pero colocando una mano sobre tu vientre y otra sobre tu pecho, corroborando que tu vientre se infle primero al inhalar y después tu pecho. Retén el aire durante tres segundos. Esta vez saca el aire por la boca lentamente, contando de nuevo hasta tres. El abdomen volverá a su posición natural. Repetir el proceso dos o tres veces más.

Es importante familiarizarse con esta forma de respirar para dominarla y poder recurrir a ella en distintos momentos del día. De esta manera será más fácil realizarla cuando lo necesites y ayudar a otros a que también lo hagan.

Si te encuentras en un estado de ansiedad elevado y empiezas a hiperventilar o, simplemente, notas una sensación de intranquilidad, aplicando esta técnica de respiración las sensaciones desagradables disminuirán. Así, será más fácil recuperar la serenidad necesaria para pensar más claramente y actuar con eficacia ante una situación difícil.

Agua

Los humanos no sobrevivimos más de tres días sin agua.

Existen diversas maneras de conseguir agua dependiendo del lugar en el que te encuentres. De todos modos, algo importante que debes tener en cuenta es que, si estás cerca de una fuente de agua salada, no debes beberla directamente por más que se muestre abundante y muchas veces clara, ya que la misma contiene sales que van a deshidratarte. Es decir, conseguirás lo contrario a lo que buscas.

La falta de agua produce la deshidratación del organismo, ya que reduce la concentración de líquidos dentro de nuestro cuerpo y puede generar letargo, dolores de cabeza, mareos, confusión e incluso la muerte, si el porcentaje de agua perdido es demasiado alto. Por eso, **la falta de agua constituye uno de los principales riesgos en lugares desérticos o zonas muy templadas**.

Ten en cuenta que, al menos, debes **beber un litro de agua por día** para no deshidratarte. Lo mejor es beber en intervalos regulares, esto reduce el sudor y permite conservar la temperatura corporal.

Y si el agua escasea, es importante que cuides el agua que ya hay dentro de ti, para que rinda lo máximo posible. Para ello, reduce las actividades que te generen sudor y protégete del sol. Mantén tu cabeza, nuca, espalda y brazos cubiertos.

En caso de que esté siendo un verdadero problema la obtención de agua, otra forma de evitar la deshidratación es manteniendo la boca cerrada, es decir, sin hablar y respirando por la nariz.

Si el agua escasea evita comer, ya que la digestión necesita de agua. Además, evita estar en lugares demasiado calientes, descansa debajo de una sombra tupida y espera el atardecer para actuar.

Por supuesto, si te encuentras en un lugar seco, no fumes ni bebas alcohol, ya que ambas cosas van a deshidratarte.

Mascar un trozo de resina o llevar una piedrecita en la boca para producir saliva y evitar que se seque en exceso es una buena idea.

Técnica 2 Obtención de agua por análisis del terreno

La manera más sencilla de conseguir agua es analizando el lugar en el que te encuentras, ya que tanto el viento, los animales y la vegetación te darán indicios de dónde pueden estar las fuentes naturales de agua más cercanas.

Si te encuentras en un valle, puedes mirar hacia donde se drena el agua natural. Si no hay ningún riachuelo o estanque a tu alrededor, busca zonas de verde vegetación y excava en ellas. También puedes cavar en el lecho de ríos secos porque puede haber agua debajo.

En las montañas, busca agua atrapada en grietas y, en la costa, excava por debajo del nivel del mar. Sospecha de los estanques que no tienen vegetación verde alrededor de ellos.

Técnica 3 Conseguir agua de la naturaleza

Afortunadamente, no sólo podemos encontrar agua en estanques, lagos, ríos, mares y océanos, sino que además está presente en diversos frutos y plantas.

Para nuestro bien, existen plantas que pueden proveernos de agua apta para nuestro consumo. Muchas raíces de árboles y viñas contienen gran cantidad de agua que puede extraerse colocando fragmentos seccionados en un recipiente.

Si agotaste la búsqueda de agua en la tierra y decides acudir al agua de las plantas, ten en cuenta que no puedes beber líquidos vegetales turbios, lechosos o de colores.

Otra manera de conseguir agua de la naturaleza, en caso de que te encuentres en un lugar helado, es derritiendo hielo. Evita consumir el hielo directamente porque te robará temperatura corporal y puede ocasionar llagas en labios y boca. Por lo tanto, primero derrite el hielo o la nieve que vayas a consumir.

También puedes recolectar agua de rocío y de lluvia, ambas son aptas para nuestro consumo en situaciones de supervivencia. El agua de lluvia puede recogerse en recipientes. Un agujero en el suelo recubierto de barro también puede almacenar agua.

Si no dispones de estas fuentes, será necesario más ingenio. El agua puede recogerse por medio de trampas de condensación o destiladores solares. Incluso, puedes utilizar tu misma ropa para recoger el rocío y la humedad del césped y de las plantas. Usa una camiseta atada al tobillo y camina sobre la hierba al amanecer o al atardecer para luego escurrirla y recoger el agua que has recolectado.

Por supuesto, sea cual fuese el agua que llegues a recolectar, no debes olvidar filtrarla y potabilizarla como te lo describiré a lo largo de este libro.

Técnica 4 Trampa de condensación

Una trampa de condensación estará juntando el agua proveniente de la naturaleza mientras tú puedes ocuparte de otras cosas, como hacer señales de rescate o buscar alimento.

Para crear una trampa de condensación, primero debes cavar un agujero circular poco profundo, en el fondo del cual se coloca un recipiente, ya sea un vaso o una cacerola.

Luego debes tapar el agujero en su totalidad con un trozo de plástico de forma cuadrada o redonda. Deja el plástico ligeramente destensado para poder poner un pequeño peso en el centro de este, ya que debe formar un cono que apunte hacia abajo y la punta debe encontrarse encima del recipiente.

Para sujetar los bordes del plástico y que no caiga, simplemente puedes cubrirlos con arena o colocar piedras por los márgenes, teniendo en cuenta de que debe quedar bien sellado para dejar escapar la menor cantidad de agua.

El agua contenida en la tierra y el aire se condensará durante la noche sobre la superficie del plástico y fluirá hacia el recipiente, para que al día siguiente ya puedas beber agua de calidad.

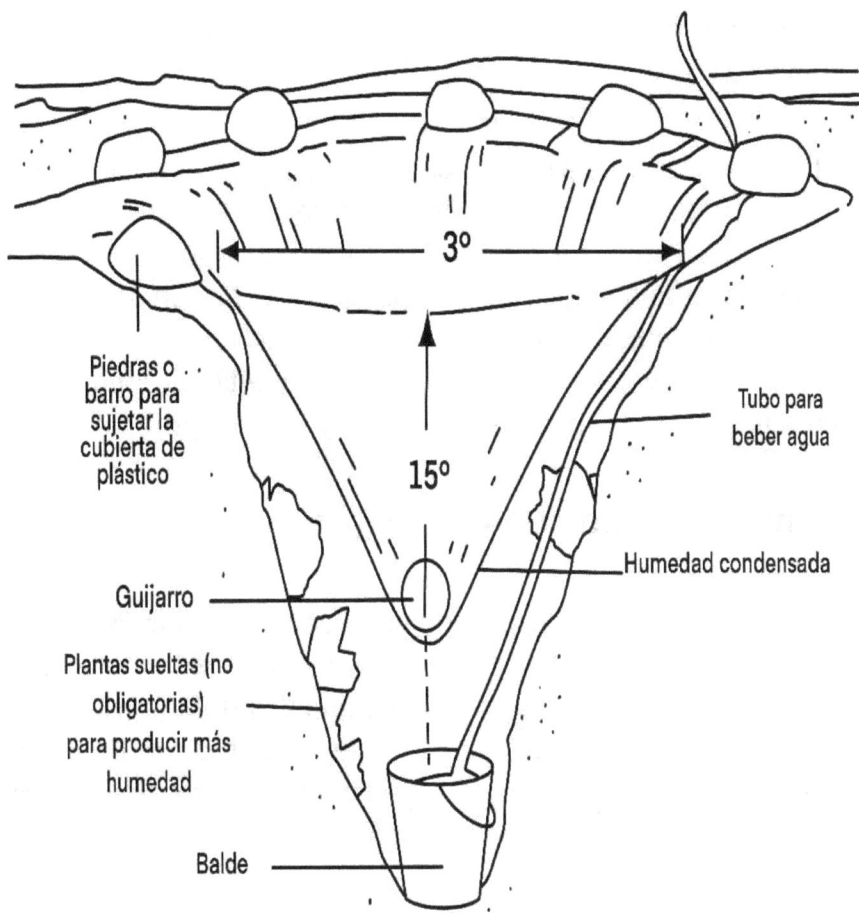

Piedras o barro para sujetar la cubierta de plástico

3º

15º

Tubo para beber agua

Guijarro

Humedad condensada

Plantas sueltas (no obligatorias) para producir más humedad

Balde

Si es necesario, agrega agua que no puedas beber por su contenido, como ser agua salada, estancada, alcalina u orina incluso. Además, si el día está despejado el sol elevará la temperatura del aire y de la tierra, produciendo vapor. El vapor se condensará en forma de gotas de agua por la parte de abajo del plástico y caerá en la lata. Este método es muy efectivo en zonas donde el día es muy caluroso y la noche fría.

Utilizando este método, se puede llegar a recoger más de medio litro de agua por día. Este modo de recolectar agua también sirve como trampa, ya que los insectos y pequeñas serpientes atraídos por el plástico caerán en él o en el agujero y no podrán salir.

Si utilizas la trampa de recolección para obtener agua, lo mejor es que pongas unas cuantas trampas cerca de tu refugio, ya que necesitas más de medio litro de agua al día y no será suficiente con una sola. También puedes insertar en el agujero todo tipo de plantas verdes, ya que contienen agua dentro de ellas. Esto sirve sobre todo en zonas desérticas donde hay poco agua en el suelo, como en las playas, por ejemplo.

Técnica 5 Cómo consumir agua de hielo o nieve

Como ya te adelanté, primero ten en cuenta que nunca se debe ingerir hielo o nieve directamente, ya que pueden producir quemaduras en la boca y los labios, impidiéndote la posterior ingesta de alimentos, así como poder beber otros líquidos. Además, en caso de generarte llagas o quemaduras te estarías exponiendo a infecciones en un entorno hostil donde no podrás tratarlas debidamente.

Si debes recolectar, recuerda que se obtiene más agua del hielo que de la nieve. Y para derretir la nieve, primero coloca una pequeña cantidad en un cazo, olla o trozo de bambú y a medida que se vaya derritiendo ve añadiendo más, ya que si llenas todo el cazo de nieve, se formará un hueco en el interior a medida que la nieve se derrita y se quemará el cazo.

En caso de no disponer de este sistema para derretir el hielo, puedes llenar tu cantimplora con el hielo o la nieve e introducirla entre dos capas de ropa que lleves puesta para que se derrita con el calor corporal. Si lo haces de esta manera, es muy importante que la cantimplora no toque la piel, ya que podría quemarte también.

Recuerda que las capas de nieve más próximas a la superficie producen menos agua que las capas más profundas.

Técnica 6 Destilación

La destilación es un proceso que sirve para separar componentes y quizá pusiste alguna vez en práctica este método en la escuela. Puede llegar a servirte mucho en una situación de supervivencia.

Para poner en práctica la destilación, en un recipiente tapado y lleno de agua mete un tubo y pon el recipiente a calentar en el fuego. El otro extremo del tubo ponlo en otro envase que también esté bien cerrado. Este último envase debe estar a su vez dentro de otro que deberá estar lleno de agua fría que servirá para enfriar el vapor que sale por el tubo. Para evitar perder agua evaporada, sella las juntas del tubo con barro o arena mojada.

En caso de que necesites recurrir a tu propia orina para hidratarte, además de poder usar la trampa de condensación para purificar este líquido, también puedes recurrir a la destilación solar. Para ello, vas a necesitar dos botellas vacías y cinta adhesiva, creando un sencillo destilador solar.

Llena la mitad de una botella de orina, luego pega la boca de la botella vacía a la de la botella que contiene la orina. Debes poner las botellas horizontalmente sobre el suelo para dejar la botella que contiene la orina completamente expuesta al sol y cubrir con arena la que se encuentra vacía.

El sol extraerá el agua de la orina por evaporación. La segunda botella, protegida del sol porque está recubierta con arena, tendrá una temperatura inferior a la de la primera. El agua evaporada en la primera botella pasará a la segunda. También puedes usar este método para destilar agua si sospechas que está contaminada.

Técnica 7 Potabiliza el agua

Para beber agua con seguridad y evitar infecciones y malestares, es importante que el agua que bebas se encuentre potabilizada. Antes de potabilizar el agua habrá que purificarla, es decir, filtrarla para quitarle la turbiedad o pequeñas impurezas que pueda tener. Lo ideal es usar un filtro purificador de agua. Existen filtros de varios tamaños, con filtros de carbono, de cerámica, de fibra de vidrio, entre otros; así que, si tienes la posibilidad de llevar uno en tu kit de supervivencia a cada aventura, puedes adelantarte a una situación como esta e incluir un filtro en tu equipaje.

Cuando el agua alcanza el punto de ebullición, las bacterias e impurezas mueren o quedan neutralizadas, por eso, debes hervir el agua al menos unos cinco minutos. En situaciones extremas dónde el agua escasea o está muy contaminada, como el agua de mar, se puede purificar cualquier líquido y extraer únicamente el agua que contiene: agua destilada. Para ello, hay que hervir el líquido y destilar el vapor en otro recipiente en donde obtendremos agua pura, sin peligro de bacterias o concentración de sales peligrosas para la salud.

Una vez hervida el agua, puedes traspasarla repetidas veces de un recipiente a otro para airearla, esto le da buen sabor e impide que resulte desagradable al gusto.

El cloro es uno de los desinfectantes más efectivos contra las bacterias. Sin embargo, no tiene buenos resultados contra los virus que habitan en el agua sin potabilizar. Por eso, se recomienda filtrar el agua antes de clorarla y después de la aplicación del cloro debe mezclarse bien y dejarse reposar treinta minutos para que el cloro entre en contacto con los microorganismos que debe atacar.

Si tienes la posibilidad de elegir, el yodo es un desinfectante muy eficaz para eliminar las bacterias, los virus y otros microorganismos que podemos encontrar en el agua. En general, de dos a diez gotas por litro son suficientes para purificar el agua clara. Aquí también, para aumentar la efectividad, es preferible filtrar el agua antes de aplicar el yodo, mezclarlo y dejar reposar durante quince a veinte minutos.

Existen pastillas ya preparadas y a la venta en el mercado que sirven para potabilizar el agua. Usar pastillas potabilizadoras de agua es quizás el método más práctico y efectivo para potabilizar el agua. Estos compuestos deben aplicarse en cantidades exactas y respetando el reposo necesario antes de consumir el agua. Es recomendable siempre leer las instrucciones de uso en el envase y fecha de vencimiento y por supuesto, resulta conveniente que siempre lleves pastillas potabilizadoras en tu mochila o kit de supervivencia, ya que son un sistema muy rápido, fiable y fácil de utilizar.

Técnica 8 ¿Cómo consumir el agua de los vegetales?

Los árboles pueden extraer la humedad de la tierra a una profundidad mayor de diez metros, algo que a nosotros nos costaría mucho si tuviéramos que excavar en busca de agua en una situación de supervivencia.

Por lo tanto, lo más estratégico será dejar que el árbol bombee el agua hacia arriba para ti. Para recoger el agua, ata una bolsa de plástico alrededor de una rama que tenga hojas verdes y que estén en buen estado. La evaporación de las hojas producirá condensación en la bolsa. Mantén la boca de la bolsa hacia arriba y una esquina colgando hacia abajo para recoger esa agua. También puedes colocar polietileno a modo de tienda de campaña sobre una planta. Para ello suspende la tienda de campaña desde arriba o sostenla desde dentro con un palo. Evita que las hojas toquen los lados de la tienda porque desviarán las gotas y no las podrás recoger en los canales de plástico de la base.

Incluso si cortas plantas, se producirá la condensación cuando las coloques dentro de una bolsa de plástico grande. Mantén las hojas elevadas del suelo mediante piedras, para poder recoger el agua debajo de ellas. Tampoco dejes que las hojas toquen los lados de la bolsa y tensa la bolsa con piedras. Si colocas la bolsa en un lugar que tenga una ligera inclinación, las gotas irán cuesta abajo y podrás recogerlas con mayor facilidad sin desperdiciar nada.

A su vez, podrás obtener agua de las hojas del pino mordiendo las puntas de estas, ya que retienen el agua. Los huecos de los bambús se llenan de agua, así que, si encuentras bambú, agítalo y, si oyes moverse agua, corta el bambú por la base de cada junta y extrae el agua que hay en su interior. Las plantas con forma de copa recogen agua, pero primero debes retirar los posibles insectos y restos orgánicos que pueda contener.

Si te encuentras en una zona de playa, las palmeras contienen un líquido azucarado llamado guarapo que se puede beber. Para conseguir que empiece a fluir el líquido, dobla la palma hacia abajo y corta la punta. Si cada doce horas realizas un corte de un trozo pequeño de la punta, el líquido volverá a fluir permitiendo obtener un poco de agua cada día, que no alcanzará el medio litro, por lo que deberás tener varias hojas o acudir a otras fuentes. La leche de cocos maduros también cuenta como agua, pero resulta ser un poderoso laxante, de modo que beber mucho puede hacerte perder demasiado líquido y generar un efecto contrario al que deseamos.

En el caso de los cactus, hay que tener precaución, ya que no todos contienen agua bebible e incluso algunos pueden contener savia pegajosa y de aspecto lechoso que es venenosa y que puede hacernos daño.

Técnica 9 Analiza el comportamiento de los animales

Los demás seres vivos del planeta que continúan sobreviviendo en su hábitat natural no han perdido el instinto y la conexión con la naturaleza, por lo que pueden convertirse en nuestros guías durante una situación de supervivencia.

Muchos pájaros, mamíferos, y algunos insectos como abejas, hormigas y moscas, son indicadores fiables de la presencia de agua. Por el contrario, si encontramos huesos o restos de animales muertos quizá signifique que estamos en un lugar que carece de agua y de alimento.

Al igual que nosotros, los demás animales necesitan agua para vivir, por lo que siempre se dirigirán a lugares donde encuentren su fuente de hidratación y de nutrición. Si sigues las huellas de animales herbívoros en su ruta, te conducirán hacia el agua. Obviamente, evita las huellas de animales carnívoros, ya que son un potencial peligro. Sus huellas suelen ser más grandes y fáciles de identificar y dejan una pisada profunda por donde pasan.

Las hormigas también dependen del agua. Una columna de hormigas subiendo por un árbol puede estar yendo hacia una pequeña reserva de agua estancada. Este tipo de reservas se encuentran incluso en zonas áridas.

Las aves que comen grano nunca están lejos del agua. Cuando vuelan bajo y recto es que van directos hacia ella. Cuando vuelven de beber vuelan de rama en rama, descansando regularmente. A su vez, las aves acuáticas y las aves de rapiña beben con frecuencia y, por lo tanto, son buenos indicadores de fuentes de agua cercana. Ten en cuenta que las aves silvestres y salvajes en su medio natural suelen volar en dirección a una población, por lo que, de encontrarte en esta situación, debes saber que, con una alta probabilidad, hay una población humana hacia el lado del vuelo de dichas aves.

Alimento

Los humanos podemos sobrevivir hasta tres semanas sin alimento.

Si bien una de las primeras cosas por las que nos preocupamos ante una situación adversa es la comida, la verdad es que habrá otras prioridades antes que ella, ya que, en menos de tres semanas, podemos lograr que un equipo de rescate nos encuentre o que hallemos un lugar habitado para pedir ayuda. Por lo tanto, durante las primeras horas y días de supervivencia tendremos otras prioridades.

Cuando se termine el alimento que estés cargando, para conseguir más, puedes recurrir a plantas silvestres y comestibles, huevos de diversas aves o carne mediante la caza y la pesca.

Por supuesto, los alimentos seguirán siendo una preocupación para cualquiera, pese a lo que diga este libro o cualquier otro, ya que estamos muy acostumbrados a acceder a comida continuamente. Aun cuando el agua es más importante, la comida es indispensable para mantener las energías positivas, el calor corporal y, más que nada, la moral elevada. Por lo tanto, primero debes comenzar por **racionar todo el alimento que lleves contigo**, luego acudir a los frutos y plantas silvestres, pasando luego por huevos de aves y dejando para el final la pesca y/o la caza. Esto es debido a ambas te implicarán mayores esfuerzos y deberás aprender a lidiar con la frustración en caso de no llegar a cazar o pescar nada durante varios días. Recuerda que estarás frente a animales salvajes que saben muy bien cómo sobrevivir en ese terreno y saben evitar el peligro.

Técnica 10 ¿Cómo administrar el alimento?

La falta de alimentos limita las fuerzas y la sensación de hambre baja la moral, a pesar de que a la mayoría de nosotros nos agudiza bastante el ingenio.

Si te quedan las últimas raciones de alimento que tenías o lo que encontraste para comer no era demasiado, es preferible que lo consumas poco a poco en varias veces al día, pues así sentirás menos hambre. Puedes comer pequeñas raciones cada cuatro horas, de modo que te asegures también de que esos alimentos que estás consiguiendo no te causarán daño.

Más allá de que el sabor de los alimentos sea agradable o no a tu paladar, resultará clave que pongas la mirada en el propósito de nutrir tu organismo y darte energía y calor para sobrevivir.

Técnica 11 ¿Qué animales se pueden comer?

Si optas por alimentarte de otros animales durante tu supervivencia, ten en cuenta que casi todo animal que se arrastra, camina, vuela o se desplaza bajo agua es comestible.

Las excepciones son simples de seguir. Solamente debes evitar aquellos animales tanto acuáticos como terrestres que destaquen por sus colores vivos, formas infladas y/o espinas. El resto de los animales son comestibles, aun cuando el sabor de su carne no sea placentero a tu paladar.

Los animales marinos son casi todos comestibles: los moluscos pegados a rocas o enterrados, los peces y crustáceos se pueden consumir asados o hervidos.

En tierra, las lombrices, larvas de insectos, insectos, babosas, caracoles, arañas, se pueden comer asados sobre una lata o sobre el fuego.

Culebras, sapos, ranas, lagartijas, se pueden consumir cocidas y sin piel, la cual debes retirar antes de preparar ya que puede contener glándulas tóxicas, como así también sus vísceras y cabeza.

Los ratones silvestres son comestibles, pero no el ratón de cola larga.

Las aves son todas comestibles, aun cuando algunas no tienen buen sabor como las carroñeras o las marinas, que tienen un fuerte olor y sabor a pescado.

En todos los casos recuerda retirar antes la piel, vísceras, cabeza y comer la carne cocida.

Técnica 12 ¿Qué plantas se pueden comer?

La mayoría de las plantas son aptas para el consumo humano. Una manera sencilla de saber qué plantas puedes comer y cuáles no, en caso de que te encuentres en un lugar poco conocido y demasiado salvaje, es observar a qué plantas acuden los animales para alimentarse y cuáles descartan.

Recuerda que los hongos pueden ser muy tóxicos e incluso mortales, por lo que debes alejarte de ellos a menos de estar completamente seguro de conocerlos. Evita también aquellas plantas que tengan hojas en ramilletes de tres divisiones y las que tengan bayas blancas. Tampoco debes comer plantas que al cortarlas segreguen un líquido lechoso.

Así como la carne, los vegetales y plantas cocidos son mucho más seguros que los crudos, por lo que el fuego será tu principal aliado tanto para hidratarte como para nutrirte y evitar sentirte mal.

Los frutos y las raíces son las partes más nutritivas de la planta, en especial en las plantas con raíces gruesas y pulposas, así que acude a ellas para alimentarte.

Si no estás seguro de si una planta es o no comestible, prueba una pequeña porción de ella, espera unas horas y dependiendo como te sientas decide si vas a consumirla o no.

Técnica 13 Cómo conseguir alimento

Las plantas y algunos animales se recolectan simplemente observando, dando la vuelta a algunos troncos o rocas, escarbando en la arena o extrayéndolos del lugar en donde se encuentran.

En lagos, ríos y esteros se pueden recolectar moluscos, crustáceos o peces pequeños. Incluso con sólo darle la vuelta a piedras encontraremos numerosas larvas de insectos. Estos pueden servir para ser comidos o como carnada para peces de mayor tamaño. Para ello debemos tener o fabricar anzuelos, ya sean de madera o mejor de alambre o metal.

Animales de mayor tamaño se pueden obtener por medio de trampas o por la difícil y hostil tarea de cazarlos con lanzas. Pero, además de la técnica que se requiere para ello, nuestra presa puede escapar herida y morir a muchos kilómetros, en un lugar en donde jamás la encontraremos y no nos servirá de alimento.

También puedes recurrir a trampas, que servirán para captar alguna presa sin mucho esfuerzo. Las trampas brindan la posibilidad de dejarlas durante la noche mientras hacen su trabajo solas, pero es importante dejar siempre más de una para asegurarnos de capturar algo al día siguiente.

Prioridades para la supervivencia

Una vez que hayas hecho consciente tu respiración, tu mente, cuerpo y espíritu estén relajados y tengas garantizadas al menos las primeras veinticuatro horas de agua y alimento mínimos, debes pensar en las otras prioridades para la supervivencia, de modo que utilices tu tiempo y energía de una manera efectiva.

Las tres prioridades para la supervivencia serán tener un **refugio** para cuando caiga la tarde, contar con **sal** o alimentos para combatir una bajada de tensión y buscar un método de **orientación** para trazar el plan de regreso o de salvamento.

En una situación de supervivencia, recuerda que cada cosa que te acompaña, por más inútil que parezca, puede ayudarte a salvar tu vida y la de tus acompañantes. En el caso del agua y de los alimentos también, por lo tanto, parte del plan y de la organización debe ser cómo se van a racionar estos recursos.

Antes de preocuparse, alarmarse o intentar huir, lo mejor es buscar un lugar cómodo, sentarse en grupo, hacer un refugio, racionar los recursos y pensar cómo buscar ayuda, observando el entorno, teniendo una escucha activa y manteniendo la calma.

Refugio

Una de las primeras cosas en las que debemos pensar a la hora de sobrevivir en un ambiente hostil es en dónde vamos a refugiarnos para protegernos de insectos, alimañas, animales salvajes y del clima. Existen diversas técnicas para construir refugios dependiendo los materiales que tengas a mano.

La función principal del refugio es protegernos de los peligros del medio ambiente. Mientras que el calor extremo puede producir un síncope o agotamiento, el exceso de frío produce hipotermias y congelaciones.

A la hora de hacer un refugio debemos tener en cuenta que tenemos que protegernos de la humedad y los insectos del suelo, del viento, la lluvia y los mosquitos que rondan el aire, de las copas, nidos o frutos de los árboles que pueden caernos encima, del frío o del sol directo y de los animales salvajes.

Técnica 14 ¿Dónde montar un refugio?

A la hora de elegir el lugar, ten en cuenta que la luz del sol te brindará calor, por lo tanto, si la zona en la que te encuentras es fría, será conveniente recibir sol directo en el refugio, mientras que, si estás en un lugar demasiado cálido, será siempre mejor optar por la sombra.

Además, si eliges un espacio libre de obstáculos, no tendrás elementos que te protejan del viento, por lo que, si estás en una zona con demasiado viento, lo mejor es hacer tu refugio en un área rodeada de árboles fuertes y firmes, para no quedar expuesto al viento.

Nunca armes tu refugio demasiado cerca de una costa o río, ya que si se eleva el nivel del agua puede llegar a alcanzarte. Además, durante una tormenta podrías ser arrastrado hacia el agua.

Pese a que parezca inofensivo, hacer un refugio demasiado cerca del cauce de un río seco tampoco será buena idea, ya que en cuestión de horas puede comenzar a tener agua nuevamente.

Tampoco debes elegir zonas de bajadas, sino más bien opta por protuberancias en la tierra o áreas de colina. Mucho mejor si se trata de una zona bien seca, de este modo estarás evitando las inundaciones en tu refugio.

Evita también las zonas cercanas a las laderas, pues suponen un riesgo en caso de lluvia.

Además, tu refugio debe quedar lejos de pantanos, ciénagas, o áreas de aguas retenidas, pero no demasiado lejos de algún manantial o río, que te servirá de reserva de agua fresca.

Antes de armar tu refugio, revisa el suelo en busca de hormigueros, avisperos o agua estancada donde pueda haber mosquitos y fíjate en qué dirección corre el viento.

Saber en qué dirección corre el viento, entre otras cosas, servirá para definir dónde colocar la hoguera, de modo que el fuego no se extienda a tu refugio. De igual manera, la fogata debe estar situada a una distancia prudencial del lugar donde vas a dormir y descansar.

Un buen truco para calentarte durante la noche en tu cama improvisada es usar las cenizas de la hoguera en un agujero previamente hecho, el cual cubrirás con tierra y te echarás encima. De esta manera, las brasas te calentarán y eliminarán la humedad del suelo.

Sobre todo, en la selva, es importante despejar el suelo de hojas y plantas, ya que puede haber roedores o reptiles venenosos entre ellas.

En caso de encontrarte en un bosque de coníferas, establece el refugio dentro de éste o en el borde, ya que el suelo es poco húmedo.

Técnica 15 Si tenemos un vehículo cerca

En el caso de que tu situación de supervivencia esté dada por un accidente dentro de un vehículo, si el mismo continúa habitable, lo mejor es utilizarlo de refugio y no apartarse mucho de él, ya que incluso servirá como señal de socorro para las embarcaciones que pasen por ahí.

En caso de que esté completamente destruido, revísalo exhaustivamente para tomar de él aquellas partes que puedan servirte para tu refugio, y no te apartes mucho del mismo.

Para que te hagas una idea, por ejemplo, pueden servirte los periódicos como aislantes térmicos, tanto para el suelo como para cubrir ventanas y aberturas. Y también los asientos para dormir sobre ellos.

La gasolina te será de gran utilidad para hacer fuego en caso de no disponer de fósforos ni mechero. Solo moja un trozo de tela, papel o esponja de los asientos y haz chispas encima cruzando dos terminales de batería, mediante la fricción de dos piedras, un pedernal o lo que tengas a mano.

En caso de querer usar el fuego para hacer señales de socorro, si añades al fuego aceite de motor, conseguirás un humo denso y negro, ideal para llamar la atención.

Técnica 16 Aprovechar el entorno

Si eres buen observador o ejercitas tu mirada, es probable que encuentres el lugar perfecto para refugiarte usando muy pocos recursos y aprovechando la naturaleza que te rodea.

Un terreno más alto y seco, alejado de fuentes naturales de agua o de pozos donde pueda acumularse la lluvia, libre de hormigueros y de cuevas o nidos de animales, libre de maleza para garantizar que no haya insectos, con árboles de gran porte cerca para que nos den sombra y nos protejan del viento y cerca del lugar donde tuvimos el accidente o nos dimos cuenta de que estábamos perdidos.

Si encuentras hendiduras y huecos entre las rocas, cuevas, formaciones del terreno y de la vegetación que estén libres de animales, puedes refugiarte en ellas. Pero deberás tener mucho cuidado si decides hacerlo, ya que puede ser hogar de otras especies y si en ese momento están alimentando a sus crías, incluso pueden atacarte.

Técnica 17: Refugio con lámina de plástico

Sin duda, una lámina de plástico debe formar parte de tu kit de supervivencia, ya que funciona muy bien a la hora de construir un refugio o para impermeabilizar el suelo donde vas a dormir, por ejemplo.

Si disponemos de una lámina de plástico suficientemente grande, podemos improvisar un refugio tendiendo una cuerda entre dos árboles y colocando la lámina como una tienda de campaña clásica en forma de "v" invertida.

En los extremos que caigan al suelo, colocaremos unas piedras para que el plástico se mantenga en su lugar y las paredes de nuestra tienda no se muevan con el viento.

Alrededor de nuestro refugio, es recomendable cavar una pequeña zanja, de modo que el agua de la lluvia no se estanque justo debajo de nuestra campaña y para que las alimañas y serpientes caigan allí.

Técnica 18: refugio con árboles

En caso de que no cuentes con muchos recursos para hacer tu refugio, como otra opción puedes recurrir a los árboles que te rodean.

Se trata del más clásico de los refugios de supervivencia, para el cual acudimos a materiales naturales para construirlo.

Primero necesitas recolectar la mayor cantidad de ramas y luego limpiarlas muy bien con la ayuda de un cuchillo, para quitar posibles insectos que hayan anidado allí.

Después, separa todo lo que recogiste y limpiaste en tres montones. Las ramas más gruesas, por un lado, las más largas y duras por otro y las más finas y frágiles por otro.

Las más largas y duras ponlas una al lado de la otra y con la ayuda de hojas alargadas, ramas de enredadera o de las ramas más finas que hayas encontrado, puedes ir tejiéndolas unas a otras para evitar que se desprendan y para conseguir que permanezcan unidas entre sí.

Coloca la plancha de ramas que hiciste de forma vertical y entrecruza cerca de ambas extremidades unas ramas más gruesas para que sirvan de soporte a esa "pared" que acabas de construir.

Cuando tengas lista la placa de madera fabricada con ramas unidas unas a otras con hojas alargadas o ramas más finas, puedes apoyarla sobre un árbol formando un triángulo o bien puedes construir otra placa similar y crear una típica tienda de campaña.

Para finalizar, esparce sobre el techo de tu refugio más ramas y hojas para impermeabilizarlo.

Técnica 19 Consigue una base o plataforma para tu refugio

Es muy importante que, sobre todo por las noches, para garantizar un mayor descanso, no pierdas calor y sepas protegerte de insectos y alimañas y para eso es mejor que duermas separado del suelo.

Si estás en un bosque o en la nieve, puedes armar una base para tu refugio con un plástico o con una tela. De esta manera, la humedad del suelo no te afectará.

Pero si te encuentras en la selva, es mejor que tu refugio se ubique a unos cuantos centímetros del suelo, ya que la humedad es mayor y los insectos también.

Puedes colgar entre dos árboles una tela o un plástico que te sirva de cama y estará aislada del suelo. Si puedes añadirle un techo mucho mejor, ya que te protegerá de la lluvia, si no, tápate completamente con lo que traigas puesto y listo.

Cuando estés en zonas frías, durante la noche mientras duermes, tu cuerpo pierde el 80% del calor por el suelo. Por eso, la base de tu refugio es una parte fundamental. Debe de ser blanda, seca, horizontal y caliente.

Sal

La sal es fundamental para la supervivencia humana. Para que tengas una idea, una dieta normal requiere de cinco gramos de consumo de sal a diario. Nuestro cuerpo pierde sal al sudar y al orinar, por lo que es importante recuperarla o, de no poder hacerlo, sudar lo menos posible. Los primeros síntomas de falta de sal son **calambres musculares, náuseas y cansancio**. Por eso, tanto mantener la hidratación como garantizar el consumo de sal será importante para mantener tus energías mientras buscas ayuda.

Técnica 20 Agua de mar

Si te encuentras cerca de una fuente de agua salada como el mar, puedes consumir unas cuantas gotas de agua marina disuelta en agua destilada, de esta forma, estarás incorporando un mínimo porcentaje de sal, cumpliendo con la demanda diaria, pero sin sobrepasarla, ya que, de hacerlo, te deshidratarás.

El agua de mar tiene maravillosos beneficios para nuestro cuerpo, siempre y cuando su consumo sea moderado, principalmente si el agua para hidratarnos es escasa.

Orientación

La orientación es una cuestión fundamental en nuestras vidas, ya que no saber dónde nos encontramos significa un golpe emocional importante.

Por eso, durante una situación de supervivencia, resulta clave recurrir a métodos de orientación, no solamente para averiguar dónde nos encontramos, sino además para medir el tiempo.

Afortunadamente, existen diversas técnicas que nuestros antepasados han utilizado de manera casi cotidiana antes de la existencia del GPS, por lo que es muy probable que, de encontrarte perdido, con un buen manejo de estas técnicas, logres regresar a la civilización. Déjame explicártelas:

Técnica 21 Orientación por la sombra

Este método consiste en trazar el tiempo que ha transcurrido midiendo la posición del sol.

Para recurrir a la orientación por la sombra, primero coloca una vara en la tierra, sobre un terreno nivelado. Luego marca el límite de la sombra con una piedra. Espera quince o veinte minutos, es decir, unas cinco canciones cortas o tres largas si no tienes reloj. Después de ese tiempo vuelve a marcar la nueva posición.

Al trazar una línea recta entre las dos marcas obtendrás una aproximación de dónde se encuentra el Este-Oeste. Recuerda que el sol sale por el este y se esconde en el oeste. Y la dirección de la sombra se mueve en sentido contrario al sol.

Si miras hacia la salida del sol tendrás el sur a la derecha y el norte a la izquierda.

Técnica 22 Ubicación por medio de un reloj

Para ubicarte con un reloj este debe ser analógico.

Deberás apuntar la manecilla que mide las horas hacia el sol, de esta manera verás que se "dibuja" una línea entre la manecilla de las horas y las 12:00 horas, esta línea apunta al sur en caso de que estés en el hemisferio norte. Y apuntará al norte si te encuentras en el hemisferio sur.

Evidentemente es vital que el reloj funcione correctamente.

Técnica 23 Ubicación por medio de señales naturales

Si por alguna circunstancia, no se puede ver el sol, la luna o las estrellas debido a condiciones climáticas, deberás utilizar algún medio natural para determinar la dirección en la que te encuentras.

Cabe mencionar que estos métodos no son muy exactos, pero sí de utilidad.

Primero observa los árboles. Generalmente el follaje de los árboles suele ser más abundante en el lado soleado. Esto significa que si te encuentras en el hemisferio norte será en el sur, mientras que en el hemisferio sur será en el norte.

En cuanto al musgo, éste tiende a crecer más abundantemente en el costado de los árboles orientado hacia el norte, porque suele ser el más sombrío y húmedo. Sin embargo, son muchos otros factores los que contribuyen al crecimiento del musgo y muchas veces no apuntan al norte, pero puede servirte en ocasiones.

Afortunadamente, la navegación y ubicación por medio de las estrellas proporcionan una orientación precisa. Las siguientes son algunas de las estrellas y constelaciones más fáciles de identificar:

La estrella polar: una de las estrellas más útiles para determinar la ubicación. Siempre señala el norte, ya que, por su posición, nunca se mueve de lugar con la rotación terrestre, porque se encuentra exactamente encima del eje de rotación de la Tierra. Solamente puede verse en el hemisferio norte.

La Cruz del sur: esta es una constelación de cinco estrellas que puede servir para determinar el sur. Aunque no siempre es fácil localizarla de manera correcta.

Hacer fuego

El agua es vital para hidratarnos y el fuego será clave para **preparar los alimentos y generar calor, espantar insectos, secar la ropa** y, sobre todo, **nos servirá para dar señales de auxilio**.

Por lo tanto, el fuego es algo por lo que deberás preocuparte y ocuparte desde que inicie tu aventura de supervivencia.

Recolecta fósforos, un pedernal de magnesio, encendedores, material inflamable como nylon, algodón, perfumes, alcohol o combustible. También acumula paja, excrementos secos de vaca, hojas secas, palitos, ramas y lo que pueda servirte como leña.

Ordena del material más fino o fácil de arder, al más grueso, de abajo a arriba empezando por el suelo. Haz un hueco con tus manos en la parte inferior de la agrupación de material para empezar a prender desde ahí y para que el aire ayude a que el fuego crezca con mayor facilidad. También puedes elevar la agrupación de ramas y troncos con unas piedras para tener el mismo efecto.

Existen diversas técnicas para hacer fuego según las herramientas que dispongas. Estas son las que te dejo a continuación.

Técnica 24 Fuego mediante fricción

Un primer método para hacer fuego consiste en hacer una muesca en una tabla o madera seca de unos treinta centímetros de largo. Sobre esta muesca se frota sin parar un palo seco de madera más dura, de modo que en un extremo de la muesca se vayan acumulando virutas que se irán calentando cada vez más hasta que se inicie la combustión. En cuanto se produzca una brasa, deberás colocar la yesca sobre ella y soplar para lograr su ignición. Este proceso puede tardar algunas horas, por lo que la paciencia será tu aliada.

Otro método consiste en utilizar un trozo de madera blanda que esté seca, abrirla por la mitad, haciéndole una ranura con una piedra y con un palo resistente de madera más dura apoyado en el trozo de madera blanda abierto, comenzar a girar rápidamente con las manos. El polvo desprendido de la madera blanda por el roce se convertirá en un tipo de brasa. La yesca, situada previamente debajo de la ranura hecha en la madera blanda, comenzará a arder. Este método es más difícil que el anterior y requiere de práctica.

Un tercer método que facilita esta tarea es el empleo de un arco con la cuerda enrollada alrededor del palo de madera dura, conocido como Taladro de arco. Con una piedra con una oquedad o un hueso de animal se sujeta el palo en la parte superior y se presiona hacia abajo. La rama debe poder desplazarse rápidamente sin salirse de la ranura marcada en la madera blanda. Al mover el arco adelante y atrás, el palo gira a gran velocidad produciendo la fricción. El calor generado se utiliza para hacer arder un combustible inflamable, como puede ser paja, hierba seca o yesca, colocado alrededor del punto de frotamiento.

Técnica 25 Fuego mediante percusión

Para producir chispas, hay que entrechocar una piedra dura, con otra rica en hierro, como la pirita o la marcasita. La chispa producida por el choque de estos dos tipos de piedra debe entrar inmediatamente en contacto con alguna materia altamente combustible, por ejemplo, cabellos, hojas secas, estopa, viruta de madera, paja o algún tipo de yesca natural o artificial como trapos carbonizados o simplemente mecha de algodón.

Técnica 26 Cerillas o fósforos

Las cerillas o fósforos son elementos fundamentales que deben ser incluidos en cualquier kit de supervivencia. Al tratarse de trozos de madera, es importante protegerlos de la humedad, por lo que su caja, que normalmente es de cartón, será mejor mantenerla guardada en una bolsa plástica.

Técnica 27 Mechero o encendedor

Contar con un encendedor en una situación de supervivencia es excelente, ya que te facilitará muchísimo la obtención de fuego. Pero en caso de acabarse el gas, no lo deseches, ya que la rosca metálica al girarse continuará generando chispas, los cuales pueden encender otros fuegos. Si esto no te resulta, prueba cortándolo a la mitad y rellenándolo con yesca en su interior, verás como la chispa comienza a salir al girar la pequeña rueda de metal y prende la yesca rápidamente.

Técnica 28 Sol

La utilización de una lupa, de un espejo cóncavo o de un conjunto de espejos permite concentrar la luz solar en un punto sobre un combustible y encender allí el fuego. Para hacer fuego con una lupa o un espejo, hay que variar la altura de la lupa con el fin de concentrar los rayos solares en un solo punto.

Dar señales de auxilio

Las señales de auxilio son una **lengua común** en todo el mundo. No importa dónde te encuentres o en qué idioma hables, si utilizas los **símbolos de auxilio,** cualquier embarcación que esté pasando por la zona donde te encuentras entenderá que necesitas socorro.

Tanto los silbatos y las bengalas, como las señales de humo o el uso espejos, agitar trozos de tela o usar prendas que resalten ayudan a llamar la atención y facilitan la detección.

Si crees que es posible que hayan iniciado la búsqueda y rescate tuya o de tu grupo, caminar en el barro o la nieve deja un rastro que se puede seguir y servirá para que los encuentren.

Por otro lado, la **señal internacional de socorro** es un triángulo equilátero, por lo que colocar tres fogatas con esta disposición llamará la atención. También es útil escribir **SOS** o el código de emergencia tierra-aire de la Organización de Aviación Civil Internacional, cavando en el suelo o utilizando piedras y dibujando una V de «requiero asistencia», una X de «requiero asistencia médica» o una flecha indicando la dirección en la que te encuentras.

Otros métodos de comunicación posibles incluyen el uso de **código morse**, tanto con luces como con sonido.

Técnica 29 Tres fuegos

El fuego es una de las mejores formas de señalar la posición para un rescate. Hay que tener en cuenta que tres señales iguales serán siempre interpretadas como un mensaje de SOS; por lo tanto, es recomendable hacer tres fogatas. Lo ideal es que sean colocadas en un triángulo de una manera espaciada equivalente entre sí.

Técnica 30 Códigos de tierra/aire

Hay varios símbolos que se pueden usar para mostrar que se necesita ayuda. Por lo general, se intentarán hacer estas señales lo más grandes y notables que se pueda, usualmente con un color que contraste con el entorno. Por ejemplo, una señal con forma de "F" indica la necesidad de alimento y agua.

Técnica 31 Espejos u objetos brillantes

En un día soleado, un espejo es un buen dispositivo para realizar señales. También puede servir un jarro o algún utensilio de metal, la hebilla del cinturón o un objeto similar que refleje los rayos del sol.

Técnica 32 Vestimenta

La ropa extendida en la tierra o en la cima de un árbol, es otra manera de señalizar. Hay que colocarla formando un modelo geométrico grande para que llame más la atención.

Técnica 33 Señales por sonidos o luz

Con un silbato podrás hacer una de las señas más conocidas de SOS, la cual consiste en hacer seis silbidos por minuto. Si se posee una linterna también puedes hacer seis destellos de luz.

Técnica 34 Materiales naturales

En el caso de no disponer de los elementos mencionados anteriormente, se pueden usar materiales naturales para formar un símbolo o mensaje que pueda verse desde el aire: cúmulos de tierra, cualquier tipo de follaje o piedras, por ejemplo. En áreas cubiertas de nieve, se puede hacer un hueco con la forma de un símbolo y llenarlo con ramas o algún tipo de vegetación. En la arena, hay que usar piedras grandes, vegetación o algas marinas para que contrasten mejor y se vean bien desde las alturas.

Sin importar el tipo de terreno, lo ideal es usar materiales que contrasten con el entorno para que así los símbolos sean visibles para la tripulación de un avión.

Interacciones con animales y plantas

La pacífica convivencia con el entorno que te rodea será clave para sobrevivir en cualquier lugar en el que te encuentres.

Recuerda que la especie humana se alejó del entorno natural y primitivo hace miles de años y que, regresar a él en una situación de supervivencia, nos pone en desventaja en comparación con el resto de los animales que siguen habitando estos ambientes naturales y no habitados por el hombre.

Por eso, observar el comportamiento de todo el ecosistema, de los animales y de las plantas, puede darnos **información vital para nuestra supervivencia**.

Técnica 35 Analiza el comportamiento animal y actúa en consecuencia

Seguramente, los animales que encuentres en una situación de supervivencia no estén perdidos como tú, por lo que conocerán mejor el terreno, el clima y sabrán predecir los acontecimientos naturales.

Para conseguir agua o alimento sigue el rastro de los animales. Pero mantén una distancia prudencial, ya que si se sienten en peligro intentarán atacarte o huir.

Técnica 36 Si tienes animales peligrosos cerca, intenta mostrarte más grande y fuerte

Seguramente, en cualquier situación de supervivencia sabrás más o menos en qué punto del planeta estás y por tanto qué animales puede que te cruces en el camino mientras estás perdido. Este detalle es crucial a la hora de investigar el terreno mientras analizas las posibilidades de pedir ayuda, o cuando buscas materia prima para tu refugio y tu fuego y te aseguras de encontrar alguna fuente natural de agua.

En caso de ver animales a lo lejos, es importante que los observes, analices su comportamiento pero que no intervengas en su territorio, porque, de ser así, pueden sentirse amenazados por ti e intentar atacarte. Busca pasar desapercibido.

Ahora bien, si llegas a cruzarte muy cerca con un animal salvaje, carnívoro y fuerte como un león, será mejor que le hagas saber que eres tan fuerte como él. Mantén el contacto visual e intenta mostrarte de mayor tamaño levantando tus brazos. Grita fuerte mientras te estiras al máximo y levantas los brazos, de esta manera el felino buscará alejarse.

Técnica 37 No entrar en áreas donde se encuentran animales adultos con sus crías

Cualquier animal con crías intentará defenderlas, por mucho que parezca inofensivo y no sea cazador.

Por ejemplo, los elefantes son animales muy inteligentes que tienden a ser pacíficos y establecer buenas relaciones con los humanos, pero en ocasiones pueden volverse agresivos, sobre todo cuando son madres y ven amenazadas a sus crías. La señal de este estado radica en la trompa curvada y las orejas abiertas hacia atrás. En estos casos lo aconsejable no es correr, sino encontrar algo que se interponga entre ti y el animal, como una roca o un árbol.

Técnica 38 Haz ruido

Durante una situación de supervivencia puede suceder que, en vez de encontrarte con un animal salvaje, el animal te encuentre a ti. Para mostrar fuerza y dominancia, lo mejor es que hagas ruido. De igual manera, esto sucederá específicamente si estás en una zona donde puede haber osos o lobos.

Con los osos es mejor evitar un encuentro usando una campana o algún generador de ruido que los ahuyente, pero, si aun así aparece uno, hay que tratar de alejarse cuanto antes porque de ser una madre, estas se ponen muy agresivas tratando de proteger a sus cachorros.

Y si por casualidad te encuentras frente a un oso salvaje, tienes dos opciones: o de nuevo levantas tus brazos y te estiras al máximo para parecer más grande mientras gritas bien fuerte para ahuyentarlo o también está la opción de que te hagas el muerto, tirándote al suelo, enrollándote sobre tu cuerpo y protegiéndote el cuello con las manos mientras esperas allí hasta que el animal se marche. Es muy importante que estés seguro de que se ha ido antes de levantarte, pues a veces se quedan mucho tiempo esperando.

Técnica 39 Quédate quieto

Esta recomendación es específicamente para quienes deban sobrevivir en el mundo acuático.

Más nos vale evitar los lugares donde merodean tiburones, pero, si estamos en el mar y uno de estos depredadores acuáticos nos toma por sorpresa, hay que mantener la calma, por difícil que esto sea. El movimiento los atrae así que intenta mantenerte vertical y lo más quieto posible.

A menudo los tiburones investigan los objetos desconocidos, así que quédate tranquilo mientras te roza con su hocico. Si te ataca, defiéndete golpeándolo en los ojos y las branquias, que son sus lugares sensibles.

Técnica 40 Cuida tus espaldas

Revisar el terreno, recolectar elementos útiles y mantenerte atento es clave para tu supervivencia. Parte de esta alerta y atención activa que debes tener en todo momento es con relación a lo que te rodea, por lo tanto, cuida tus espaldas.

Respecto a los animales, tanto los alces como los ciervos sólo atacan cuando se ven acorralados o amenazados de algún modo, y, si este es el caso, nunca les des la espalda, ya que estos animales atacan por atrás.

Técnica 41 Desconfía de las plantas, aunque parezcan bonitas

Si estás recolectando frutos para comer, comienza por recurrir a los más conocidos. Evita cualquier tipo de hongos, como también flores y hojas como las que aparecerán a continuación:

Lirios: tomando muy poco de la planta, puedes sufrir graves daños en el riñón.

Palmera Sagú: todas las partes de esta planta son venenosas, pero las semillas o "nueces" tienen la cantidad más grande de toxinas. La ingesta de solo una o dos semillas puede terminar con efectos muy graves, los cuales incluyen vómito y diarrea.

Tulipán: tiene toxinas que pueden causar irritación intensa gastrointestinal.

Azalea: tiene sustancias conocidas como grayatoxinas, las cuales pueden producir vómito, diarrea y debilidad.

Adelfa: son consideradas como tóxicas ya que contienen glucósidos cardíacos que tienen la posibilidad de provocar graves efectos incluyendo irritación del tracto gastrointestinal, función anormal del corazón e hipotermia.

Haba de Castor: contiene ricina, una proteína altamente tóxica que puede producir dolor abdominal severo, vómito, diarrea, sed excesiva y debilidad.

Ciclamen: contiene ciclamina, pero la concentración más alta de este componente tóxico por lo regular está localizado en la parte de la raíz de la planta.

Kalanchoe: esta planta contiene componentes que pueden producir irritación gastrointestinal.

Supervivencia en el desierto

Si nos encontramos perdidos en el desierto, **nuestro principal enemigo es el calor** y debemos protegernos de él.

Otros factores importantes son las **tormentas de arena** y las **frías temperaturas nocturnas**. En estas condiciones debemos evitar la pérdida de agua lo máximo que podamos.

El desierto es uno de los lugares más inhóspitos del mundo: con temperaturas casi insoportables durante el día debido al calor extremo y por la noche con muy bajas temperaturas y además hay varios animales extremadamente peligrosos entre la arena.

Por eso, también debemos protegernos de los animales, ya que podemos encontrarnos con algunas **especies muy peligrosas** como serpientes, escorpiones o alacranes y diversos depredadores que habitan en él.

Técnica 42 Cómo conseguir agua en el desierto

Una de tus principales metas en el desierto será mantener la hidratación adecuada. De no ser así, correrás un grave peligro. Aunque es buena idea racionar el agua, no debes ingerir menos de lo que necesitas.

Si ves algún pájaro volando cerca de ti, síguelo. Suelen dirigirse a fuentes de agua. Las huellas de animales también pueden ser una guía.

Si encuentras un lugar húmedo, excava para obtener un poco de agua. Los cañones o lechos de ríos secos suelen tener pequeñas depresiones donde se acumula este líquido.

No intentes extraer agua de los cactus, ya que la mayoría de ellos son venenosos.

Técnica 43 Protégete del sol

El sol es un elemento vital para nuestra existencia, pero puede ser causa de muerte en el desierto. Protégete de él cubriéndote la mayor parte de tu piel con ropa ligera y de color claro. Si es posible, usa un sombrero, gafas y guantes.

Si tu situación es grave y no sabes a ciencia cierta cuánto tiempo permanecerás ahí, es recomendable que no te muevas durante el día. Busca o construye un refugio que te proteja en horas diurnas y movilízate solo cuando el sol se ponga.

Técnica 44 Ahorra energía

El agotamiento por calor suele tener síntomas como náuseas, mareos, piel fría, pegajosa y húmeda. En estos casos, deberás descansar, tomar un poco de agua con sal o sólo agua y mojarte la zona de la frente, vientre, nuca y muñecas.

Durante el día intenta mantenerte a la sombra, aprovecha para dormir y relajarte, de modo que no gastes energía ni líquido. A medida que caiga el sol, emprende tu camino si tienes un plan o una noción de a hacia dónde debes dirigirte.

Técnica 45 Presta atención al suelo

El desierto está habitado por diversos animales peligrosos como serpientes, abejas asesinas, escorpiones, arañas, coyotes, entre otros. Las cuevas y ruinas suelen ser los hogares de muchos de estos animales, por lo que mejor aléjate de estos.

La mayoría de los reptiles y mamíferos se mantendrán lejos de ti. Así que tú deberás hacer lo mismo. Para ello, evalúa bien los espacios debajo de los troncos y rocas, ya que suelen ser escondite de animales como escorpiones y serpientes. Además, ten especial cuidado si decides moverte por las noches, ya que es el momento en el que salen los depredadores a conseguir alimento.

Técnica 46 Preparación previa si vas a visitar el desierto

Como verás, el desierto es una de las regiones más hostiles para los humanos, por lo tanto, si tienes pensado viajar hacia allí o caminas por lugares cercanos a él, te sugiero seguir estos consejos:

La ropa adecuada para el desierto es el algodón puro o lino de manga larga y de color claro. Puedes usar prendas superpuestas tal como lo hacen los beduinos para concentrar la temperatura corporal. A su vez, resultará clave cubrir cada espacio de tu piel usando un sombrero, gafas, un pañuelo que cubra parte de tu rostro y tu cuello, una camisa clara de manga larga de algodón o lino, pantalón claro de algodón o lino hasta los tobillos, medias altas de algodón, calzado cerrado y cómodo y guantes para tus manos.

Como la temperatura suele bajar mucho de noche, es importante que lleves abrigos de lana que permitirán respirar tu piel pero que te mantendrán abrigado durante el frío.

Las altas temperaturas que afrontarás en el desierto te harán perder mucho líquido a través de la transpiración. Por eso, lleva todo el agua que puedas e incluye en tu mochila algunas pastillas de sal.

Lleva también alimentos de tamaño y peso ligero y de alto valor nutricional. Algunos ejemplos son alimentos deshidratados o liofilizados, barras energéticas, frutos secos o pemmican. Las comidas que incluyen sal y potasio te permitirán reducir tu sudoración, lo que te ayudará a evitar el agotamiento por calor.

En caso de que se termine tu reserva de agua, reduce tu ingesta de alimentos lo más que puedas.

Técnica 47 Kit de supervivencia para el desierto

Te será mucho más fácil sobrevivir en el desierto si incluyes entre tus suministros un equipamiento de supervivencia con los siguientes artículos:

Brújula, pastillas potabilizadoras de agua, linternas potentes, botiquín de primeros auxilios, espejos de señales y una bolsa de plástico.

Técnica 48 Qué hacer si te perdiste en el desierto

Si te perdiste en el desierto comienza por parar a descansar y a pensar, no continúes caminando porque puedes perder el sentido de la orientación, además, estarás consumiendo líquidos y energías que tal vez no puedas reponer por la escasez de recursos.

Evita exponerte al sol y piensa en racionar el agua y la comida, consumiendo porciones muy pequeñas cada lapsos de tiempo de alrededor de cuatro horas.

Si te quedaste sin agua, reúne hojas verdes y colócalas en una bolsa cerrada durante la noche. Por la mañana, la bolsa estará un poco evaporada, podrás abrirla y succionar el líquido.

Supervivencia en la selva

Después de la supervivencia en el desierto, otro de los lugares más difíciles para habitar sin civilización es la selva, ya que su clima húmedo y tropical puede consumir nuestras energías y porque, aunque suene paradójico, a pesar de estar rodeados de agua, podemos morir de sed.

En la selva debemos protegernos del sol, de la humedad, de los insectos y alimañas y ocuparnos de conseguir agua, garantizar un descanso seguro y de hacer fuego.

Técnica 49 Principal peligro en la selva

Las enfermedades transmitidas por los insectos, debido a la alta reproducción de parásitos y bacterias que se ven beneficiadas por el clima y la biodiversidad, son uno de los mayores peligros a los que estarás expuesto en la selva.

Por eso, en caso de viajar por zonas selváticas, debes llevar ropa de algodón y de colores claros tales como las recomendadas para el desierto, es decir, que cubran toda tu piel. Además, carga siempre contigo un buen repelente y haz una hoguera cuando puedas para espantar a los insectos. También evita áreas de mucha vegetación o de agua estancada.

Técnica 50 Evita infecciones

El ambiente cálido y húmedo de la selva es muy prolífico para hongos, bacterias, parásitos y otras indeseables criaturas.

Por lo tanto, es aconsejable que, en caso de hacerte una herida, la limpies frecuentemente y la cuides con dedicación. En este entorno, las infecciones son fáciles de conseguir y las cicatrices, difíciles de cerrar y curar.

Evita andar por zonas demasiado húmedas y corrobora bien el suelo por el que caminas, ya que puedes hundirte en barro o agua estancada llena de insectos y de larvas.

Técnica 51 Protégete de los insectos

En la selva los insectos son responsables de trasladar los parásitos de un ser vivo a otro. Por eso debes protegerte de sus picaduras. Si te es posible comer un diente de ajo crudo por si pudiste meterlo en tu mochila como parte de tu equipo, te ayudará porque actúa como repelente natural.

Técnica 52 No orines dentro del río

En las zonas cálidas, existe una especie de pez conocida como "pez vampiro" y también llamado "candirú". Este pequeño pez, que vive en riachuelos y zonas de agua estancada, tiene la capacidad de remontar el flujo de orina e intentar entrar en la uretra del huésped, donde se aloja. En los ríos también se encuentran las "palometas", una especie de pez que siente desde muy lejos el olor de la sangre y va hacia ella atacando con sus filosos dientes.

Técnica 53 Si hay caminos marcados, síguelos

En la selva, al igual que en el desierto, cuesta mucho orientarse. Por eso, si encuentras senderos, síguelos, ya que son señal de rastro humano y posiblemente te terminen guiando hacia algún poblado o carretera.

Técnica 54 Si vas de excursión a la selva, lleva ropa que cubra todo tu cuerpo

Para la selva, así como para el desierto, debes llevar ropa que cubra todo tu cuerpo, que sea de algodón y de colores claros. También procura que el calzado cubra todo tu pie. Además, lleva contigo algunos pares de medias altos y ropa interior extra. De lo contrario, acabarás arañado por los árboles, lleno de pinchos y picado por infinidad de insectos.

La mejor manera de ir vestido a la selva es con una camiseta con cuello y manga larga y un pantalón largo ambos de puro algodón y de color blanco, con medias altas por fuera de los pantalones para que no ingrese ningún insecto a nuestras piernas y encima de eso un conjunto impermeable de pantalón y sudadera. También carga un pañuelo de algodón claro que va a servirte tanto para cubrirte el cuello y el rostro como para humedecerlo y colocarlo sobre tu nuca en los momentos de mayor calor.

Técnica 55 Presta atención a dónde pisas

Vigila cada paso que des. Los troncos, piedras y objetos suelen ser siempre guaridas de animales que están haciendo su vida, y que pueden salir al ataque si los molestas. Intenta evitarlos o pasar con cuidado si debes andar cerca de ellos.

Técnica 56 Protege tu cabeza

Utilizar un buen sombrero en todo momento no solo va a protegerte del sol, sino también de los insectos que suelen caer de los árboles.

Técnica 57 Intenta pasar desapercibido, sobre todo de noche

Durante la noche es mejor que te mantengas bien cubierto y cerca de la fogata, de esta manera espantarás a los insectos y alimañas que no sólo son peligrosas por sus picaduras, sino por las heridas que dejan, que en ese ambiente tienden a infectarse.

Técnica 58 Evita refugiarte sobre el suelo

Si vas a la selva, no olvides llevar sogas o cuerdas para colgar cualquier manta o tela que traigas contigo. Lo importante es que no duermas sobre el suelo, sino que puedas contar con una hamaca en donde descansar sin correr el riesgo de ser picado por un animal.

Puedes llevar contigo crema de afeitar y untar por la noche los extremos de las cuerdas con ella. Eso evitará que te visiten insectos mientras duermes, sobre todo las hormigas.

Y, por supuesto, hay que llevar algún tipo de manta o tejido aislante que te recubra completamente. Esto te protegerá, además de las picaduras, del frío.

Técnica 59 Revisa siempre tu calzado antes de ponértelo

Busca dos troncos de madera y clavados en el suelo, cuando te quites los zapatos cuélgalos ahí y déjalos boca abajo, de modo que no entren los insectos. De igual manera, cuando vuelvas a colocártelos, corrobora que no haya nada dentro de ellos.

Supervivencia en el bosque

Afortunadamente, durante una situación de supervivencia en el bosque, no debes preocuparte demasiado por los insectos, las alimañas y los animales venenosos y tampoco estarás sometido al calor ni al frío intenso ni la humedad no te dejará en paz.

Pero sí, hay que tener buenos conocimientos de botánica, pues **algunas plantas tóxicas pueden parecerse a plantas comestibles**.

Técnica 60 Permanece en el lugar

Esto no sólo aumenta las probabilidades de que te encuentren, sino que también reduce la cantidad de energía que tu cuerpo utiliza y la cantidad de agua y comida que necesitarás para sobrevivir.

Técnica 61 Enciende una hoguera

Enciende un fuego de tamaño adecuado con leña suficiente como para que se mantenga caliente por muchas horas y asegúrate de tener mucha madera seca adicional. De esta forma, obtendrás calor, espantarás insectos y animales y puede que llames la atención de agentes de rescate.

Técnica 62 Da señales de ubicación

Si ves pasar embarcaciones y no pudiste hacerles señales, intenta hacer registros de los horarios y cuando los veas silba, grita, canta o golpea las rocas con piedras, pero sea como sea, intenta captar la atención de quienes pasen.

Técnica 63 Explora el área cercana

Es necesario que conozcas muy bien el área donde va a encontrarse tu refugio y tu hoguera, para evitar sorpresas. Haz una inspección al entorno en círculos para comprobar que no haya peligros cerca como guaridas de animales o agua estancada que atraiga mosquitos a tu posición. También observa que no montes tu campamento encima de hormigueros o cerca de ríos, por si sube el cauce por la noche.

Supervivencia en los polos

Si estás perdido en los polos o en zonas muy frías, una de tus mayores prioridades es la de **tener un refugio** que te proteja tanto del frío, como de la humedad y el viento, ya que agravan los efectos negativos del frío.

El propósito fundamental del refugio en zonas frías es **retener nuestro calor** y el producido por otras fuentes de calor que podamos emplear. Para eso, es necesario que no haya corrientes de aire y que el refugio no sea demasiado grande.

Técnica 64 Antes que nada, construye un refugio

En la nieve se pueden construir varios tipos de refugios, como el famoso iglú, cuyo diseño esférico en arco lo hace una estructura bastante resistente.

Cabe destacar, que construir un iglú no es una tarea de un sólo día ni tampoco es algo sencillo, así que, en caso de no disponer de tanto tiempo, cavar un hoyo en el suelo, poner una tela o aislante debajo de nosotros y sentarse y cubrirse con otro plástico o tela cortavientos impermeable puede ser la solución.

También puedes crear una cueva de nieve, para ello necesitas una pala u otro utensilio improvisado con el que cavar donde haya nieve amontonada. Debe excavarse una cueva pequeña, con un lecho a unos cuarenta centímetros por encima del nivel del suelo. La pala debe guardarse dentro por si es necesario utilizarla para salir por la mañana. Encendiendo una simple vela en el interior de este refugio conseguirás que la temperatura aumente varios grados e indicará la presencia de dióxido de carbono si se apaga.

Técnica 65 Mantén los pies calientes y secos

Tendremos que mantener los pies siempre calientes y secos, pues son de las partes que más sufren con el frío y mantenerlos a la temperatura correcta es vital para nuestra supervivencia. Por eso, siempre lleva dos o tres pares de medias extra en tu mochila ya que, de no hacerlo, sufriremos mucho las consecuencias.

Cada ocho o doce horas es necesario que te quites el calzado y las medias y frotes tus pies con masajes suaves, de modo que entren en calor y circule la sangre. Cámbiate de medias por unas secas y calientes, que previamente las puedes colocar entre tu ropa para que se pongan más calientes.

Esto mantendrá tus pies secos y calientes por más tiempo ya que, el frío, la humedad y el sudor te generarán gran incomodidad y mayor pérdida de temperatura en esta zona.

Supervivencia en alta mar

Si, como humanos nos cuesta tanto sobrevivir en tierra, a pesar de que lo venimos haciendo desde hace cientos de miles de años, sobrevivir en alta mar es una cuestión aún más compleja.

Los peores enemigos del náufrago son la **hipotermia**, la **deshidratación**, la **fatiga** y el **sueño**.

Por eso, ante una situación de supervivencia en alta mar, lo primero que debes hacer es dominar tu propia mente, a pesar de que parezca muy difícil.

Técnica 66 Prevenir la deshidratación

Si te encuentras a bordo de una embarcación a la deriva, procura destilar agua dulce a partir de agua de mar. En cambio, si estás flotando en el medio del mar, evita beber el agua que te rodea e intenta relajarte.

Técnica 67 Prevenir la hipotermia

Para prevenir la hipotermia, es necesario abrigar las zonas de mayor pérdida de temperatura como cabeza, cuello, axilas e ingles, evitar la humedad y procurando permanecer hidratado.

En caso de estar en el medio del agua, intenta nadar de una forma lenta pero constante, para entrar en calor y no cansarte. Puedes nadar de espaldas suavemente, ya que así realizarás menos esfuerzo.

Los primeros síntomas de la hipotermia son escalofríos incontrolados, pérdida de coordinación manual, destemplanza y apatía.

Técnica 68 Tratamiento de la hipotermia

En caso de encontrarte sobre la embarcación, resulta clave quitarse toda la ropa húmeda y cambiarla por ropa seca y calentada previamente sobre el cuerpo de otro compañero.

Cuando alguien sufre de hipotermia, no es recomendable darle alcohol para entrar en calor, sino más bien dejar a la persona recostada y cubierta, completamente seca.

Accidente aéreo

Frente a un accidente aéreo, **tener un plan de acción** aumenta nuestra confianza y mantiene nuestra mente ocupada. Los siguientes puntos pueden ayudarnos a elaborarlo.

Comienza por analizar la situación. Corrobora cómo se encuentra la tripulación de vuelo, ya que ellos pueden tener más herramientas para organizar al grupo. Separa a los heridos de las personas que pueden ir en busca de ayuda o de recursos para el refugio, la alimentación, la hidratación o el fuego. También reúne todo el agua y el alimento y raciónalo para todos.

Analiza la zona en la que se encuentran, el clima, la vegetación y los animales. Prepara las señales de auxilio e intenten no abandonar la embarcación, para ello revísala exhaustivamente por fuera y por dentro, para corroborar que no haya fuegos o potenciales peligros en ella.

Recuerda siempre que el agotamiento por una actividad física sin un objetivo preciso provoca una situación de frustración que socava tu moral. Por ello, todo lo que hagas tiene que responder a un **plan** y un objetivo preciso.

Técnica 69 Permanece cerca de la aeronave

Una avión accidentado no es algo que pase desapercibido, por lo tanto, Lo buscarán de inmediato si no llegó a su destino. Por eso, para aprovechar al máximo el trabajo de los rescatistas, procura permanecer lo más cerca posible de la aeronave, ya que existen mayores probabilidades de que puedan ver un avión que de verte a ti solo.

Técnica 70 Escoge bien tu ropa antes de viajar en avión

En caso de un accidente en el que el avión deba aterrizar de emergencia o se estrelle, hay muchas posibilidades de que el aparato se prenda en llamas por la cantidad de combustible que lleva. Por esta razón, es importante llevar ropa cómoda que te permita movilizarte con agilidad y, en lo posible, que no sea fabricada con tejidos inflamables como el poliéster o el nylon. Opta por tejidos naturales como el algodón o la lana. Además, ten en cuenta que las sandalias o tacones altos dificultan el movimiento en caso de tener que evacuar y no te servirán para trasladarte cuando llegues a tierra firme. Procura llevar pantalón y manga larga, de materiales no muy gruesos, de esta manera evitas heridas serias o quemaduras, sin sentir asfixia.

Técnica 71 Déjate los zapatos puestos

Uno de los errores más comunes al iniciar un largo viaje es quitarse los zapatos. La recomendación general es dejarlos puestos porque, si es necesario evacuar, es más probable salir con vida si llevas los pies protegidos, ya que podrías necesitar correr sobre objetos punzantes y en llamas.

Equipamiento

Contar con el equipamiento necesario en una situación de supervivencia cambia totalmente la experiencia, ya que muchos procesos y necesidades estarán resueltos de antemano y no van a requerir de tu preocupación ni ocupación.

Por eso, si sabes que vas a un viaje de aventura y te vas a adentrar en el mundo salvaje, es importante que vayas preparado tanto por dentro como por fuera.

Técnica 72 Procura que tu carga sea liviana y compacta

Si bien tener un equipo completo es importante, que sea liviano también lo es. Por eso, es necesario que hagas un análisis exhaustivo de la utilidad de cada elemento que decidas cargar, porque, al fin y al cabo, tu equipo puede convertirse en tu aliado o en tu enemigo.

Procura que tu carga sea la menor posible, de este modo, ahorrarás energías y te lo agradecerán tu espalda y tus pies.

Para tener una mochila ligera, asegúrate de no llevar artículos que no tengan una utilidad importante e intenta que los materiales que componen tu equipo sean lo más ligeros posible sin reducir su calidad.

Técnica 73 Mochila

La capacidad de tu mochila debe de ser la necesaria para el equipo que necesitas. Esto va a depender del tiempo que vas a pasar en la naturaleza, de la zona y las condiciones en las que estarás, los utensilios que necesitarás y de las paradas de descanso que programaste.

Técnica 74 Básicos de supervivencia

Un saco de dormir: es importante que tu saco de dormir sea impermeable y bien grueso, ya que, si vas a un lugar frío dormirás dentro de él, pero si vas a un lugar caluroso, dormirás sobre él y te proporcionará mayor comodidad.

Una esterilla aislante: es realmente imprescindible para aislarnos del suelo frío, de lo contrario, las noches se convertirán en un infierno. Las de espuma suelen ser las mejores.

Cantimplora o botella: puedes llevar más de una, de modo que garantices tener agua por más tiempo. El tamaño es importante, ya que puede ayudarte a medir la cantidad de agua que necesitas cada día. Pueden ser de uno o dos litros cada una.

Un pequeño cazo y una navaja para preparar la comida.

Tienda de campaña: una buena tienda de campaña te protegerá de la lluvia, el clima y los insectos.

Mechero y cerillas: lleva las cerillas en un recipiente impermeable.

Un botiquín: debe incluir protector solar, repelente para mosquitos, crema cicatrizante, desinfectante de heridas, gasas, alcohol, yodo, pastillas de sal, pastillas de carbón, barras proteicas.

Neceser: jabón, champú, pasta y cepillo de dientes y una toalla de microfibra.

Una brújula, mapas y un GPS con pilas extra.

Una linterna.

Un cuaderno y un par de bolígrafos.

Técnica 75 Machete o una sierra de mano

Un machete o sierra de mano te será de gran utilidad a la hora de hacer tu refugio en caso de que no tengas una tienda de campaña.

También es útil para cortar la maleza y limpiar el camino, además, irás dejando rastros de paso humano, fácilmente identificables por tus posibles rescatistas.

Técnica 76 Básicos para una aventura en la naturaleza

Hamaca: es ideal para utilizar en zonas cálidas. Resulta estratégico elegir una que incluya tela mosquitera.

Tarp: se trata de una lámina de plástico o lona de tamaño variable que te permite confeccionar distintos tipos de vivacs (modo de dormir al aire libre) y sustituir la tienda de campaña.

Mosquitera: es muy importante, sobre todo si vas a lugares infestados de mosquitos u otros insectos, como la selva o la tundra.

Pastillas potabilizadoras: puedes incluirlas siempre en tu equipo, ya que son baratas y ocupan poco espacio. Son esenciales si vas a sitios donde no existen garantías sobre la calidad del agua que vas a consumir.

Técnica 77 Botiquín

- Protector solar
- Repelente para mosquitos
- Crema cicatrizante
- Desinfectante de heridas
- Gasas
- Alcohol
- Yodo.
- Pastillas de sal
- Pastillas de carbón.
- Solución local antiséptica
- Pomada o antídoto contra mordeduras de serpiente

- Bicarbonato sódico

- Laxante

- Loción de calamina

- Tijeras

- Pinzas

- Ilustraciones de CPR, colocación de torniquete, puntos de presión y entablillado.

Técnica 78 Equipo de señales

- Espejo

- Silbato

- Linterna

- Bengalas

- Señalizadores de humo

- Ilustraciones de señales tierra-aire

Primeros auxilios

Si te apasiona la aventura y te gustaría descubrir los lugares más remotos del mundo, o esperas poder ser un líder y guía durante una experiencia de supervivencia en grupo, tomar un curso de primeros auxilios no te vendría nada mal.

Pero mientras tanto, aquí te detallo ciertos parámetros básicos de los primeros auxilios en técnicas de supervivencia.

Técnica 79 Cadena de Supervivencia

Antes que nada, si asumes la responsabilidad de asistir a otros, debes mostrarte calmado y enfocado, eso generará un círculo virtuoso, ya que contagiarás seguridad.

Para comenzar a brindar primeros auxilios debes hacer un reconocimiento inicial para conocer qué tipo de ayuda necesita la persona.

Por ejemplo: puedes sospechar que una víctima va a sufrir un ataque al corazón o infarto cardíaco cuando tenga un fuerte dolor en el centro del pecho o sensación de vacío en el mismo lugar, pinchazos fuertes en el brazo izquierdo u otros lugares del cuerpo, o se encuentre mareado y sude abundantemente.

Como segunda instancia, tomarás acción al respecto acudiendo a la ayuda de otros compañeros. Si finalmente la persona ha sufrido una parada cardíaca, el paciente necesita una reanimación cardiopulmonar (RCP). Debes estar totalmente seguro de que su corazón ha dejado de latir, así que **es vital antes que nada realizar el proceso siguiente**:

- Hablar al paciente, preguntarle si te oye y en caso contrario, pasar al siguiente punto.
- Acerca la mano o el oído a su boca y nariz sin obstruirlas para comprobar si está respirando. Si respira, lo colocaremos en posición de seguridad: apoyado sobre el lado izquierdo, apoyando en el suelo la pierna y el brazo derechos para que pueda respirar mejor. Si no respira pasamos al siguiente punto.
- Tomarle el pulso en la muñeca presionando ligeramente en el extremo interior derecho, debajo del tendón pulgar. También podemos comprobarlo en la carótida, a la derecha de la tráquea, presionando ligeramente con los dedos índice y medio. Si tiene pulso ponerle en la posición de seguridad descrita anteriormente.
- Si no tiene pulso, procedemos a realizar la RCP.

Sitúate de rodillas en su costado derecho y con tu torso inclinado ligeramente hacia el paciente. Pon una de tus manos apoyando el hueso inferior de la mano en el esternón del sujeto y después apoyando toda la palma y la otra mano justamente encima de esta y entrelazando los dedos con la mano que está debajo. Usando tu peso y manteniendo los brazos rectos, empieza a realizar compresiones torácicas, de dos a tres por segundo, hasta que la persona reaccione u otro compañero pueda relevarte y seguir atendiendo al paciente.

Técnica 80 Cómo actuar ante un accidente o emergencia

Si ves a una persona herida o lesionada debes seguir los siguientes pasos:

- Reconocer los signos vitales de consciencia y respiración.
- No mover a la persona accidentada, salvo peligro inminente.
- Tranquilizarla y mantenerla caliente.
- No darle comida, bebida ni medicamentos en ese momento.
- Esperar a que se reponga y cobre fuerzas.

Técnica 81 Quemaduras

Si son producto del contacto con sustancias químicas es necesario lavar la piel con abundante agua.

En caso de compuestos que reaccionan violentamente con el agua, hay que secar el compuesto con una gasa antes de mojar la piel. Luego, cubrir la quemadura con una tela limpia, o gasas.

En caso de incendio, apagar las llamas. Dirigir al suelo a la víctima para evitar que corra y echar algo encima del fuego para sofocarlo. Si no tienes nada, haz rodar a la persona sobre el suelo. Luego revisa su respiración y pulso, y, si no están presentes siguiente el proceso de la técnica 79, inicia las técnicas de Reanimación Cardiopulmonar.

Afloja la ropa sin quitar nada que esté pegado a la piel, excepto si se trata de una quemadura por sustancia química, entonces habrá que quitar todo lo que esté impregnado en la sustancia para que no siga actuando sobre la piel.

Echar un poco de agua fría y limpia sobre las zonas quemadas.

No dar nada por vía oral durante los primeros minutos, aunque el herido esté consciente y tenga sed. Mantenerlo cubierto con una sábana o tela limpia mientras se repone.

Técnica 82 Intoxicación

Si la persona respiró algo tóxico, debes exponerla al aire limpio inmediatamente. Si está inconsciente, al primer síntoma de dificultad respiratoria practicar la respiración artificial.

Si la intoxicación es por contacto, es decir, por un producto que le cayó sobre la piel y no uno que aspiró, la persona debe quitarse la ropa empapada en el producto y lavar abundantemente la piel con agua, sin frotar.

Técnica 83 Heridas

En las heridas punzantes conviene facilitar el sangrado de la herida arrastrando todo lo que haya podido entrar con el objeto punzante.

Técnica 84 Hemorragias

Ante hemorragias, lo que debes hacer es presionar directamente con una gasa, tela limpia o vendaje aplicado sobre la herida.

Después, elevar la parte lesionada para que la sangre no siga llegando a la herida gracias de la gravedad. Si la herida está situada en un miembro superior o inferior, hay que levantarlo a un nivel superior al corazón, presionando simultáneamente. Abrigar a la persona herida.

Técnica 85 Atragantamiento

Si no puedes retirarle el objeto de la boca a la persona, tendrás que realizar la maniobra de HEIMLICH:

1. Colocarse detrás de la víctima rodeándola con los brazos por debajo de los suyos, por la zona del vientre.

2. Cerrar una mano y colocarla entre ombligo y esternón cogiéndose el puño con la otra mano.

3. Realizar una fuerte presión hacia adentro y hacia arriba, repitiendo de seis a ocho veces.

Técnica 86 Reanimación

En caso de que el accidentado no respire y no tenga pulso, se deben realizar compresiones torácicas externas, hasta que la víctima se recupere. La frecuencia debe ser de cien compresiones por minuto, teniendo en cuenta que a cada treinta compresiones se realizan dos insuflaciones de aire.

Técnica 87 Fracturas

Ante fracturas, no se debe movilizar a la persona, salvo que sea necesario, porque esté en peligro inminente.

Tampoco se puede movilizar el miembro afectado, ni intentar colocar los huesos en su sitio.

Simplemente se debe tapar al herido para que no pierda calor corporal y esperar la ayuda.

Si es imprescindible desplazarlo, inmovilizar el miembro con dos férulas acolchadas, una a cada lado del miembro afectado y atarlo por varios puntos. Pueden valer dos tablas cortas o placas si no tenemos nada más a mano.

Técnica 88 Crisis epiléptica

Colocar a la persona tumbada en el suelo donde no se pueda hacer daño, colocando algo blando debajo de su cabeza. Si hay objetos alrededor, separarlos para que no se golpee.

No sujetar a la persona en crisis de epilepsia. Tampoco meterle nada en la boca. Si está quieto, colocarlo en posición lateral de seguridad (sobre el lado izquierdo). Vigilar la respiración y el pulso.

Técnica 89 Hipoglucemia

Si la persona está consciente, darle rápidamente por vía oral fruta o diez gramos de azúcar de ser posible.

Aproximadamente diez gramos de azúcar equivalen a dos terrones de azúcar. Se pueden administrar diluidos en agua si resulta más fácil.

Si no puede tragar o está inconsciente, no hay que darle comida ni bebida.

Colocarlo en posición lateral de seguridad (sobre el lado izquierdo).

Vigilar la respiración y el pulso.

Caza y pesca

Si durante la supervivencia se acaba el alimento que llevabas contigo y los frutos no bastan para nutrirte, puedes recurrir a la caza y a la pesca para alimentarte.

Cabe destacar que estos sistemas son tremendamente crueles y suelen provocar mucho sufrimiento a los animales. Además, la caza y la pesca de ciertas especies en peligro de extinción suele ser ilegal en algunos países. Por este motivo, resulta más que evidente que su empleo sólo está justificado en un caso de extrema necesidad como lo es la supervivencia.

Por otra parte, en una situación de supervivencia real, no debemos olvidar que los anfibios, reptiles y sobre todo los insectos suelen ser más fáciles de cazar que las aves o los mamíferos y constituyen una importante fuente de proteínas.

Técnica 90 Uso de trampas

Primero debes de observar el lugar para hacerte una idea de lo que puedes encontrar y dónde. El mejor momento para esto es el amanecer. Hay que buscar huellas, heces y otras pistas reveladoras de la presencia de animales.

Muchos mamíferos, especialmente los de menor tamaño, tienen hábitos regulares. Así que puedes encontrar sus madrigueras o sus sendas marcadas en el rocío de la mañana.

Si tienes un campamento estable, debes poner tantas trampas como puedas controlar y revisarlas por la mañana y por la noche. Los mecanismos deben de dispararse con facilidad para evitar que las presas huyan con el cebo.

Existen diversos tipos de trampas, entre ellas están las trampas de lazo. Para cazar pequeños animales, como conejos, se pueden construir con un cordel, sedal de pescar resistente o alambre. El lazo tendrá el grosor de un puño y estará colocado a cuatro dedos del suelo.

Por otro lado, también existe un dispositivo clásico y efectivo que se suele usar para sostener losas que matan a los animales por aplastamiento. Simplemente levantando la piedra o losa en diagonal y apoyándola sobre un palo atado a un cordel del que podamos tirar con rapidez. Es útil para cazar tanto mamíferos como aves.

Técnica 91 Pesca con caña

Un buen anzuelo de acero y un sedal atado a él son dos herramientas que ocupan muy poco espacio en nuestro kit y que son realmente útiles si debemos abastecernos de alimentos en una situación de supervivencia.

En general, se suele decir que las mejores horas para pescar son por la mañana temprano y al atardecer. Cuando se aproxima una tormenta también puede ser un buen momento, pero los peces pueden picar a cualquier hora del día o de la noche.

Si no tenemos sedal y/o anzuelos tendremos que improvisarlos. Como sedal, es más fácil emplear hilo de nuestras ropas que improvisar un cordoncillo con fibras vegetales. Los anzuelos improvisados suelen ser de madera o espinas, aunque también podemos emplear clavos y otros objetos punzantes. Los cebos los encontraremos en el propio río, buscando gusanos o larvas debajo de las piedras y entre la vegetación de la orilla y los alrededores.

Técnica 92 Pesca a mano

Se trata de un sistema prohibido en España, pero muy efectivo en aguas poco profundas en cuanto se adquiere un poco de práctica.

Es recomendable no realizarlo donde haya animales peligrosos como anguilas eléctricas o serpientes acuáticas venenosas. Y consiste en introducir la mano con cuidado en el agua bajo las piedras, raíces o huecos donde acostumbran a ocultarse los peces en busca de comida. Una vez capturados, deslizaremos la mano suavemente hacia las branquias y hundiremos en ellas los dedos pulgar e índice para capturarlos.

Técnica 93 Pesca con arpón o lanza

La pesca en aguas profundas con estas herramientas requiere práctica y habilidad, debido a la distorsión de la luz. Sin embargo, en aguas poco profundas se pueden introducir estos aparejos bajo las piedras y en huecos y ensartar a los peces. Por supuesto, también es un método ilegal. Podemos improvisar fácilmente un arpón de madera con una punta afilada de hueso o tallada en la propia madera.

Técnica 94 Pesca con durmientes

Se trata de utilizar anzuelos que se dejan con cebo y atados a una rama flexible a la orilla del río a la espera de que pique un pez. Es un sistema bastante efectivo y completamente ilegal.

No debemos olvidar que, aparte del pescado, los cauces de agua ofrecen otras fuentes de alimento, como ranas, cangrejos, moluscos o reptiles.

Higiene

Tanto para la mente como para el cuerpo, la higiene personal es un proceso por el cual nos entregamos a nosotros mismos tiempo de calidad para el **cuidado propio**.

En situaciones difíciles, de miedo, inseguridad y soledad, mantener la higiene te ayudará a mantenerte alineado con tu sistema de valores, centrado en busca de salvamento y consciente.

La higiene personal es un hábito que tenemos desde que somos seres inmersos en una sociedad. Cuidamos nuestro aspecto y presencia, de modo que eso impacte en nosotros mismos. Por eso, durante una situación de supervivencia, podemos llegar a olvidarnos de estas cuestiones que se hacen en la vida en sociedad. Eso es verdaderamente arriesgado, ya que, de mantenerse en el tiempo, nuestra mente puede no resistirlo.

Entonces, para tu **equilibrio emocional**, resultará clave que, pese a estar solo, mantengas tu rutina de cuidado personal.

Cada día, puedes humedecer un paño o una toalla y con un poco de jabón y pasarlo sobre todo tu cuerpo. Después de enjuagarte, puedes cubrirte con protector solar, que además protegerá tu piel de la sequedad y también puedes rociarte repelente de insectos. Ventilar tu ropa y dejarla secar del sudor o incluso lavarla. Evita estar con la ropa húmeda. También cepilla tus dientes a diario y lava tu cabello de vez en cuando si es cuentas con abundante agua. Puede parecer absurdo, pero estas pequeñas prácticas aumentarán tu autoestima, tu confianza y sobre todo tu esperanza.

Técnica 95 Evita zonas con animales muertos

Es importante evitar zonas con animales muertos y excrementos, especialmente de aves. Estas zonas pueden exponerte a enfermedades y atraer todo tipo de insectos, moscas, animales carroñeros o algo peor. Básicamente, no favorece en absoluto un entorno saludable o higiénico.

Técnica 96 Higiene personal

Lávate al menos cada dos días tus partes íntimas con agua limpia para mantener a raya las infecciones por hongos. Tanto las uñas de las manos como las de los pies, deben permanecer limpias y cortas. Así, evitamos acumular suciedad que, en caso de un corte o herida, aumente las probabilidades de infección.

Técnica 97 Fabrica tus propios elementos de limpieza

Si no tienes lejía, con una proporción de uno de ceniza y tres de agua podrás reemplazarla. Para ello, se lleva a ebullición la mezcla y después déjala reposar de doce a veinticuatro horas antes de decantar la solución clara del agua de lejía.

Para reemplazar el enjuague bucal puedes hacer infusiones de hinojo y menta y dejar tu boca más fresca. Si tienes bicarbonato puedes lavar tus dientes con él. Otra opción es usar agua de mar, debido a la alta salinidad de esta: un enjuague de agua de mar es excelente para eliminar bacterias en la boca.

Las hojas de coco o de maíz sirven muy bien como papel higiénico.

Una rama de madera blanda como el abedul deshilachado en un extremo puede servirte de cepillo de dientes.

Cómo enfrentarse a desastres naturales

Puede que debas atravesar una situación de supervivencia producto de un **desastre natural** tal como un huracán o un tornado. En estos casos, existen técnicas específicas para **proteger tu vida**.

Huracán

Técnica 98 ¿Cómo mantenerte seguro después de un huracán?

Tras un huracán, es importante que evites las áreas inundadas. Olvídate de las cosas materiales y prioriza resguardar tu vida y la de quienes te acompañan.

Además, resulta importante prevenir las intoxicaciones de monóxido de carbono después de la tormenta.

Procura no usar aparatos o dispositivos eléctricos mojados ya que pueden generar corriente. Y en el caso de cortes de electricidad, utilizar linternas antes que velas para evitar incendios.

Salir del edificio en caso de escuchar ruidos inusuales, ya que estos podrían indicar que la construcción está a punto de caerse. Y evitar entrar en edificios o construcciones dañadas.

Tornado

Técnica 99 Presta atención al clima y a la hora

Los tornados suelen producirse por las tardes y noches: más del ochenta por ciento de todos los tornados se desencadenan entre el mediodía y medianoche.

Técnica 100 ¿Qué hacer durante un tornado?

Si te encuentras en una casa, ve de inmediato al cuarto de refugio o sótano. En caso de no contar con un espacio adaptado para desastres naturales, ve a un cuarto interior pequeño y sin ventanas, como un baño o un armario, trastero o sótano o al nivel más bajo del edificio. Mantente alejado de las ventanas. Puedes meterte debajo de un mueble resistente, como un banco de trabajo, mesa o escritorio pesado y sujetarte a él. Puedes usar los brazos y manos para proteger la cabeza y el cuello.

Si estás en exteriores, evita los lugares con techos amplios, como auditorios, cafeterías, pasillos largos o centros comerciales. Y si no hay un refugio cerca o no tienes tiempo de refugiarte en interiores, acuéstate en una zanja o área que esté en un nivel bajo.

Si te encuentras en un automóvil, nunca trates de ganarle a un tornado conduciendo en un automóvil o camioneta, sobre todo si lo tienes muy cerca. Mejor baja del vehículo inmediatamente y busca refugio en un edificio cercano o acuéstate en una zanja o área que esté en un nivel bajo, lejos del auto.

Enemigos de la supervivencia

Ya llegamos a las cien primeras técnicas de supervivencia y hasta ahora tenemos en cuenta lo siguiente:

Es importante **analizar el terreno** en el que nos encontramos, observar la vegetación, las especies animales y el clima. También corroborar las **fuentes de agua** cercanas y recolectar material de utilidad para nuestro fuego y nuestro refugio.

Cuando nos damos cuenta de que estamos perdidos, resulta clave **no alejarnos del lugar donde ocurrió el incidente** y después de limpiar el terreno, debemos construir o **armar nuestro refugio** para descansar una vez caiga la noche.

El **fuego** será nuestro aliado a la hora de espantar insectos y animales, además de que generará calor y secará el ambiente de nuestro refugio, algo clave para una buena supervivencia. Además, utilizaremos el fuego para purificar el agua que consigamos para hidratarnos y para cocinar nuestros alimentos y así evitar infecciones.

Todo el alimento y agua que llevemos con nosotros debemos racionarlos de modo que podamos **consumir pequeñas porciones** cada cuatro horas, así nos mantendremos hidratados y con energía.

Nuestro refugio debe estar separado del suelo, para evitar la humedad y el contacto con los insectos.

Además, mantener una **rutina de higiene personal** nos ayudará a mantener un buen estado de ánimo y predisposición para resolver los obstáculos que se nos interpongan.

Utilizar las herramientas de comunicación para **pedir ayuda** y rescate es algo que debemos implementar desde el primer momento.

Ahora bien, esto no es todo ante una situación de supervivencia extrema, ya que resulta que existen **enemigos invisibles** que no son insectos, ni alimañas, ni animales salvajes, ni virus, bacterias, parásitos u hongos, sino que es nuestra propia mente.

El miedo profundo, las crisis de ansiedad, los ataques de pánico y la angustia son **emociones** que seguramente llegarán a afectarnos a todos en una situación de desamparo tal, que parezca que no vamos a encontrar la forma de salir o de escapar para volver con los nuestros. Es lógico sentirse así.

La cuestión aquí es cómo de beneficioso es dejar entrar esos sentimientos a nuestra mente. Y, aunque parezca inmanejable, en realidad no lo es. Tenemos la posibilidad y la capacidad de **redirigir nuestros pensamientos** y de cambiar hacia una **perspectiva positiva**.

Técnica 101 Soledad

Así como podemos llegar a sentirnos solos viviendo en sociedad, teniendo familia, amigos, colegas y compañeros, podemos no sentir lo mismo estando perdidos y solos en el bosque.

La soledad es una sensación producto de diversos prejuicios, ideas, emociones y percepciones que realizamos en todo momento.

En una situación de supervivencia, estaremos acompañados por nosotros mismos y por toda la estructura de nuestro propio sentido común y de la que no debemos despojarnos, ya que es la que nos da esperanza y seguridad y nos dice que alguien de la sociedad de la que formamos parte vendrá por nosotros.

No abandones la zona donde te perdiste o accidentaste, ese lugar te recuerda de dónde vienes. Y no pierdas nunca la esperanza de ser encontrado, ya que, de seguro alguien estará pensando en ti y preguntando dónde te encuentras.

Técnica 102 Miedo

Seguramente todos le tememos a algo y aun así vivimos, porque, pese al miedo, la vida nos exige actuar e ir por lo que deseamos o consideramos que necesitamos. Por eso, durante una situación de supervivencia, no se trata de no tener miedo, sino de usar este sentimiento a tu favor.

El miedo hará que seas cauto, prudente, cuidadoso, atento, pero nunca debe bloquearte ante una situación que exige tu reacción.

Técnica 103 Angustia

Puede que te hayas ido de vacaciones y mientras paseabas por la selva perdiste el sendero y te separaste de tu grupo. No te esperabas una situación así y te encontraste solo en una jungla. Seguramente va a invadirte la angustia y eso es lo más normal que te puede suceder.

Pensarás en tu familia, en tus amigos, en tus proyectos y tu trabajo. Todo lo que dejaste pendiente, todo lo que habías programado, todo lo que anhelabas con el alma cumplir. En tu mente, tu mundo se viene abajo y te invade una soledad y miedo insoportable. Pero, en ese momento, debes recordar que puedes mantenerte entero, puedes garantizarte la seguridad que necesitas para sobrevivir y harás todo lo posible para seguir adelante, luchar por tu vida y regresar a tu hogar y a tus planes más enfocado que nunca.

Pero lo que vas a necesitar ahora es estar en el presente. Habitar el espacio en el que te encuentras y buscar soluciones, sin minimizar lo que sientes, solamente haciendo a un lado esa sensación para permitirte pensar con claridad.

Técnica 104 Ansiedad

La ansiedad es una de las sensaciones más presentes en las personas del mundo actual, ya que la modernidad trajo consigo una serie de exigencias y estándares que son verdaderamente difíciles de alcanzar.

Además, la noción del tiempo mutó de tal manera que casi todo es instantáneo, lo que antes se decía por carta que demoraba un mes ahora se puede decir en cuestión de segundos.

Lamentablemente, nuestra noción de tiempo durante una situación de supervivencia, también se verá afectada por el modelo del que venimos y, si no aprendemos a ser pacientes, podemos llegar a desesperarnos a las primeras horas.

Por lo tanto, lo mejor es actuar y tener una espera activa. Gestionar lo necesario para la supervivencia mientras se trabaja en las señales de auxilio. Y asumir que todo aquello que no eres capaz de controlar no debes permitir que te controle a ti.

Análisis de la situación

Para apaciguar la mente y **definir cómo actuar** debemos analizar la situación en su totalidad, de modo que podamos formular suposiciones coherentes y actuemos en consecuencia.

Por lo tanto, debemos preguntarnos cómo llegamos hasta donde nos encontramos, que sucedió en el medio que provocó nuestra pérdida, accidente o desorientación, quienes están enterados de nuestra ausencia, por qué zonas estábamos transitando antes de perdernos, etc.

Además, debemos trazar un plan y ejecutarlo, tanto para mantener la mente ocupada, como para favorecer que nos encuentren los posibles rescatistas y así poder sobrevivir.

Técnica 105 Estudia los pro y los contra

Un ejemplo de estudiar los pro y los contras es definir si permanecer en el sitio o movernos.

Por ejemplo, como ya comentamos anteriormente, en caso de que se trate de un accidente aéreo, es mejor permanecer cerca de la aeronave, que seguramente estarán buscando y es muy fácil de ver desde el cielo. Por el contrario, si decidimos emprender un viaje por la selva amazónica, no avisamos a nadie y estamos perdidos, tal vez sea mejor que intentemos caminar hacia algún poblado, seguir el curso de un río, etc.

Técnica 106 Traza un plan

Después de analizar los pro y los contras y de quedarnos con una de las opciones, tendremos que definir cómo seguir y sobre todo, cómo enfrentar la realidad que nos atraviesa en ese momento.

Si optamos por quedarnos cerca de la aeronave, alguien del grupo debe ir en busca de alimento y agua, por ejemplo. Si optamos por movernos dentro de la Amazonia, debemos definir dónde y cuándo parar para hacer del viaje un recorrido más ameno.

Técnica 107 Define una estrategia

Una vez tienes el plan, por ejemplo, quedarte al lado de la aeronave, sobrevivir y esperar el rescate, o caminar por la selva hasta encontrar un pueblo cerca, debes definir una estrategia.

En estos casos sería, por ejemplo, racionar la comida y el agua y separarla por días, formar un grupo de búsqueda de agua y otro de búsqueda de materiales para el fuego, elegir a una persona que se encargue de los heridos y a otra que se ocupe de hacer las señales de socorro. Y, en la selva, definir caminatas desde el amanecer hasta el mediodía, haciendo descansos bajo la sombra durante las horas de calor más fuerte.

Técnica 108 Ejecuta

Una vez analizados los pro y los contras, definido el plan y trazada la estrategia, no queda más que actuar. Ejecutar lo que nos hemos planteado y recorrer el camino que hemos definido siempre con alegría, porque la vida nos dio otra oportunidad de aprender y de resolver una nueva experiencia de aprendizaje.

Suele suceder que, ante situaciones de presión extrema como lo es una situación de supervivencia, pequemos de pensar, imaginar y planificar mucho pero no actuar en consecuencia.

Eso resulta contraproducente y debemos prestar mucha atención a nuestros actos para no caer en eso y así lograr los objetivos del plan y de la estrategia que definimos.

Trabajo en equipo

Si nos encontramos solos, debemos considerar que, en algún lugar, hay un equipo de rescate que se está ocupando de nuestra búsqueda y, de ser así, nosotros mismos debemos sentirnos parte de ese equipo. Esta es una gran manera de luchar contra la sensación de soledad.

Ahora bien, si son muchos los que están atravesando una situación de supervivencia particular, mantener la unidad y el trabajo colectivo garantizará la seguridad de todos, ya que, **como seres sociales, nos crecemos cuando estamos juntos**.

Técnica 109 El arte de delegar

Como equipo, resulta clave que cada uno de los integrantes asuma una tarea, la ejecute y la respete. De este modo, todos se sentirán valiosos y la causa y el espíritu del equipo ganarán mayor fuerza, sentido y relevancia.

No es saludable que el líder haga de "padre" del equipo y que los demás estén en una posición pasiva. Eso suele suceder, no porque los demás sean "vagos", sino porque una persona impone mayor fuerza que los demás. Por eso, un buen líder mide sus palabras, fuerza y actitud potencia con respecto a otros.

Técnica 110 Sentir la unidad

La causa que los une debe estar presente en cada conversación, en cada debate y planificación.

Cada una de las personas que está luchando por su vida debe dar lo mejor en aquella tarea que asumió, porque la supervivencia del resto también depende de que su responsabilidad sea cumplida.

La unidad, una sensación que se trabaja y se alimenta continuamente, será el principal alimento de un equipo, el cual, unido, tiene muchas más posibilidades de ser encontrado.

Técnica 111 Reglas claras

Puede que, ante el hambre, el frío o el calor, el sueño, la incomodidad y el miedo de estar perdidos, la predisposición de unos con otros no sea buena todos los días. Por eso, para evitar malentendidos, es importante que, estando todos reunidos, se puedan definir las reglas del grupo y que, cuando alguien no las cumpla, se le recuerde la importancia de cumplir con lo establecido en grupo por el bien de todos.

Cabeza fría

Durante una situación de supervivencia, nos encontramos muy lejos de la ley y el orden impuesto dentro de la trama social. En un caso como este, en el cual estamos extraviados en un lugar recóndito y carente de civilización, puede que los valores, principios, moral y leyes que rigen nuestro sistema comiencen a desdibujarse.

Esta sensación de abandono, sumada a la tristeza, miedo y ansiedad, puede sacar una versión de nosotros vergonzosa y que, tal vez, ni siquiera sabíamos que teníamos.

Es ahí cuando debemos pensar que ya vienen por nosotros, que estamos aislados del mundo tan sólo por el tiempo que les cueste a las unidades de rescate encontrarnos o lo que tardemos en llegar a un poblado, por ejemplo. Debemos pensar en quiénes somos, quiénes seremos y cómo saldremos ilesos de esta situación. Eso nos ayudará a mantener la cabeza fría.

En caso de no poder controlar tus emociones e impulsos, **es mejor que te apartes del grupo para pensar y refrescar la cabeza**.

Técnica 112 Apártate para pensar

Apartarte del grupo, hacer silencio, regalarte unas respiraciones lentas y profundas y mirar el horizonte te ayudará a despejar la mente, ordenar las ideas y calmar el espíritu. Tomate estos momentos a solas de vez en cuando para evitar proyectar tu miedo y desesperación en tus compañeros de supervivencia.

Técnica 113 Asume tus límites

Muchas veces, un líder no sabe muy bien cómo poner límites y, por miedo a delegar y a no ver los resultados esperados, prefiere hacer todo por sí mismo.

El problema de un líder que no delega y que no asume su humanidad, es que termina por cansarse o incluso enfermarse ante tanta exigencia de sí mismo. Además, bloquea a aquellas personas activas que también tienen mucho que aportar. Sobre exigirse a uno mismo no es muy saludable y además, afectará notablemente al sentimiento de unidad del equipo.

Técnica 114 Comunica tus emociones

Una gran manera de alimentar a la unidad de un grupo es hablando de lo que nos pasa. Mucho más, en una situación tan difícil como la de estar perdido y no saber cómo regresar.

Ejercitar la empatía entre unos y otros, hará mucho más armoniosa la convivencia y la ejecución de las tareas. Daros un momento al día para saber cómo os sentís y también para insuflar esperanza y motivar positivamente al resto de miembros del equipo de supervivientes. Parece mentira, pero unas palabras de apoyo y cercanía en momentos extremos pueden marcar una gran diferencia.

La importancia de tener un líder

Un líder resulta clave en un equipo, ya que es el encargado de coordinar todo lo que se haya planificado y definido ejecutar, como también sirve de mediador para que todo un grupo logre ponerse de acuerdo.

Por eso, una de las primeras cosas que deben definirse cuando nos encontramos perdidos en grupo es **definir a un líder que nos represente**.

Técnica 115 El líder

El líder debe ser una persona capaz de escuchar con empatía, comprensión y buena predisposición a los demás integrantes del equipo, coordinar todas las partes de ejecución de un plan, coordinar las tareas del resto de sus compañeros y velar por la unidad del equipo.

Técnica 116 El equipo

Un equipo que esté atravesando una situación de supervivencia debe apoyarse en el grupo, trabajar por el bien común, asumir sus tareas con responsabilidad y predisposición y velar por la unidad del equipo. Recuerda que, en ese momento, el grupo es tu familia y todo lo que necesitas para sobrevivir y ser rescatado. Por lo tanto, cuídalo cómo se merece.

Reglas de la supervivencia

Si la supervivencia se está llevando adelante en grupo, es necesario dejar en claro que todos persiguen el mismo fin de regresar a casa y que lo harán del modo que proponga y acepte la mayoría.

A su vez, alineados a un plan, cada uno debe cumplir su parte y, aunque parezca desproporcionado o injusto, esas medidas se han tomado en función de las características y capacidades de cada uno, así que no desesperes o te enfades si sientes que haces más que otros. Más bien, enfócate en el objetivo común: salir con vida de esta situación.

Bajo el concepto de igualdad, un grupo de supervivientes busca salir ileso trabajando conjuntamente, de manera equitativa y fraternal. Por lo tanto, no debe haber diferencias ni rencores entre ustedes. Hablen sobre cómo se sienten a menudo para subsanar pequeños roces.

Técnica 117 Los recursos

Seguramente, en un equipo de supervivientes haya personas con habilidades muy diversas y diferentes entre sí. Por eso, según las posibilidades y limitaciones de cada uno, se deben delegar y asumir tareas, tales como busca de alimentos, cocina, búsqueda de agua y potabilización de esta, búsqueda y salvamento, señales de socorro, búsqueda de recursos, etcétera.

Técnica 118 El alimento

El alimento debe dividirse de manera equitativa entre todos los integrantes del equipo y sin distinciones.

Técnica 119 El agua

Así como el alimento, el agua también debe racionarse de manera equitativa, sin privar a nadie de la hidratación, aunque no haya podido salir a conseguir agua. Al tener diferentes objetivos y labores, no todos se encargarán de recoger alimento y conseguir agua o potabilizarla, pero no por ello dejan de merecer beber o comer igual que el resto del equipo.

Técnica 120 Las tareas

Todos los integrantes de un equipo de supervivientes deben asumir y afrontar una tarea por el bien del equipo. Si cada uno de los integrantes del grupo se esfuerza en conseguir su objetivo con decisión y confianza, las posibilidades de sobrevivir aumentan considerablemente.

Técnicas 121 El cuidado

En una situación de supervivencia grupal, lo más probable es que haya sucedido un accidente aéreo o se hayan perdido durante una excursión y, en cualquiera de los casos, puede haber personas de edades distintas, adultos mayores e incluso niños.

Habrá algunos que requieran mayor cuidado y asistencia que otros y debemos cubrir esas necesidades para la supervivencia del equipo y la unidad.

Estas pequeñas acciones de cuidado y gestos empáticos irán alimentando nuestra mente y sentimiento de pertenencia a un grupo de energía positiva, amor y de la sensación de no estar solos. Por lo tanto, son sumamente enriquecedores, tanto para quienes dan como para quienes reciben.

Habilidades que te salvarán la vida

En estas últimas veinte técnicas de supervivencia nos introducimos en la parte emocional y de trabajo en equipo, Se trata de aspectos profundos pero que, a la vez, hacen nuestro día a día.

Así como es importante dominar las técnicas para cazar o hacer fuego, también existen habilidades blandas que colaboran con la sensación de seguridad y nos motivan a seguir adelante pese a cualquier adversidad.

Por eso, estas últimas técnicas están dedicadas a las habilidades blandas, **aquellas habilidades que nos ayudan a comunicarnos, construir relaciones y vínculos, liderar y lograr nuestros objetivos,** por más difícil que eso parezca.

Habilidades blandas

Técnicas 122 Pensamiento crítico

El pensamiento crítico debe ser práctico en cada situación, relación y a acción propia. Por eso, es importante realizar introspecciones transparentes y despojadas de disfraces, para realmente saber cuándo actuamos de manera justa y cuando no lo hacemos.

A su vez, el pensamiento crítico durante el análisis del terreno y de la situación de la resolución de nuestro problema es lo que, sin dudas, nos llevará a sobrevivir.

Para ejercitar el pensamiento crítico es importante estar en el presente, habitar el espacio y tiempo que transcurre sin pensar en otras cosas. También, resulta clave prestar atención, hacer uso de la lógica y del sentido común. Si lo haces, seguro que, por ejemplo, te parecerá demasiado tonto montar un refugio sobre un río seco.

Técnica 123 Adaptabilidad al entorno

La adaptación al entorno es una virtud que a muchos les sale de forma natural y a otros les toca ejercitar, pero contar con la capacidad de adaptarte a cualquier entorno en el que te encuentres, te ayudará a combatir todas las emociones negativas que aparecen ante un hecho inesperado como es una situación de supervivencia.

Para adaptarte al entorno, comienza por hacerte amigo de tu realidad actual y entregarte al aprendizaje de estar vivo.

Técnica 124 Iniciativa y emprendimiento

Recuerda que tu dirección es más importante que tu velocidad. Por lo tanto, saber qué debes hacer y hacerlo, estés solo o en grupo, marcará la diferencia entre sobrevivir o no hacerlo.

En la mayoría de los casos, quienes sobreviven en ámbitos hostiles es porque tuvieron la entereza y la valentía de enfrentar sus miedos y salir a buscar la salvación. Recuerda economizar fuerzas o ahorrar energía para cada labor que realices. Si tienes a mano frutos, raíces o barras energéticas en tu mochila, no es necesario que pierdas tiempo y energía, dedicando esfuerzo a montar trampas o cazar. Prioriza siempre la búsqueda y potabilización de agua.

Técnica 125 Comunicación efectiva

Una comunicación efectiva surge desde la búsqueda del bien común y de la empatía. Por eso, cuando tengamos que comunicar algo, hagámoslo positiva y pacientemente.

Celebrar un nuevo día, poder comer y beber o mantener la temperatura, son pequeñas cosas dignas de celebrar frente a cada nueva jornada en una situación de supervivencia. Si comienzas pensando así antes de delegar o pedir algo, seguro que te escuchan con mayor atención y mejor predisposición.

Historias de supervivencia

Estas son algunas películas y libros que te recomiendo para comenzar con la aventura de la supervivencia y confirmar cómo cada técnica de este libro se puede poner en práctica.

Espero que hayas disfrutado de estas páginas y que tengas una maravillosa vida.

¡Viven! (1993)

La famosa historia real de cómo un equipo de rugby consigue sobrevivir en los andes durante dos meses y medio con temperaturas que rondaban los -40 grados y cómo acabaron comiéndose a los muertos para poder sobrevivir.

Náufrago (2000)

Debido a un accidente de avión, el protagonista se ve aislado en una isla tropical durante cuatro años, con la única compañía de un balón manchado con su propia sangre al que llama Wilson, que es el nombre de la marca de la pelota.

Hacia rutas salvajes (2007)

Película basada en el diario de Christopher McCandless: un joven que dejó atrás el mundo civilizado e inicia su solitario camino hacia Alaska para encontrar el verdadero sentido de la vida.

127 horas (2010)

Esta cruda historia de supervivencia nos cuenta la experiencia de Aron Ralston, un joven aventurero que, en 2003, tras una grave caída en una grieta, se vio obligado a cortar su propio brazo para sobrevivir.

¡¡Gracias por haber elegido mi libro!!

Espero, de corazón, que hayas disfrutado el viaje a través de las páginas de este libro y que mis experiencias puedan aportarte y motivarte para sentirte capaz de sobrevivir en cualquier situación.

¡Ayúdame a ayudar!

La mejor forma de apoyarme es gracias a una opinión o valoración positiva de mi libro en la página donde lo conseguiste. Sólo te tomará unos segundos hacerlo, pero para mí significa mucho.

Una buena valoración tuya ayuda a que mi trabajo llegue a más personas y aumente sus posibilidades de supervivencia.

Deseo que superes cualquier dificultad que se te ponga por delante,
Christian Morales